「氣」が人を育てる

子どもや部下の能力を
最大限に引き出す教育とは

藤平信一 ◎心身統一合氣道会 会長

ワニブックス
|PLUS|新書

はじめに

本書の内容は「心身統一合氣道」という武道に基づいています。

心身統一合氣道は、合氣道十段である藤平《とうへい》光一が創始した武道です。藤平光一は3人の師匠に恵まれました。「山岡鉄舟《てっしゅう》の教え」を説いた小倉鉄樹《てつじゅ》師、「合気道の開祖」である植芝盛平《もりへい》師、そして「心と身体の関係」を説いた中村天風《てんぷう》師です。偉大な師匠たちの教えを受け、厳しい修行の末に藤平光一が体得し、体系化したのが心身統一合氣道です。現在、世界24カ国で約3万人が言葉・文化・宗教を越えて同じ教えを学んでいます。

藤平光一は、心身統一合氣道を「生活の中の合氣道」と定義しました。稽古を通じて「氣」というものを理解し、生活全般に活かすことが重要であると説いたのです。

とくに重要なのが「持っている力を最大限に発揮する」こと、そして「持っている力を最大限に引き出す」ことの二つです。どれだけ能力を持っていても、それが発揮されなければ意味がありません。

「持っている力を最大限に発揮する」ことがいかに重要か。

それをわたしが実感したのがロサンゼルス・ドジャースでの「氣」の指導でした。野球評論家の広岡達朗さんの推薦で、ドジャースから公式のオファーをいただき、3年間にわたってマイナーリーグのトップ・プロスペクツ（若手最有望選手）の育成に携わりました。どの選手も高い身体能力と技能を持っているにもかかわらず、メジャーリーガーになれるのはわずか数%。そして、メジャーリーグで成果を上げ続けられる選手はさらに少なくなります。成果が残る選手、成果が残らない選手、この違いはいったい何なのか。それは「大事な場面で持っている力を発揮できるか」「長いシーズンでコンスタントに力を発揮できるか」です。そのために「氣」の指導が取り入れられたのでした。

このあたりのことは、本書のシリーズである『心と身体のパフォーマンスを最大化する「氣」の力 メジャーリーグが取り入れた日本発・セルフマネジメントの極意』（ワニ・プラス）に詳しく記しましたので、ご参照いただけましたら幸いです。

「持っている力を最大限に発揮する」ことを求めているのは、野球関係者だけではありません。企業の経営者や組織のリーダー、アスリートやコーチ、アーティストや伝統芸能に携わる方々、他にも幅広い分野のみなさんが心身統一合氣道を学んでいます。

本書でお伝えするのは、もう一つの「持っている力を最大限に引き出す」についてです。これは「教育」や「人材育成」に直結しているテーマだといえるでしょう。

一言で「教育」といっても、家庭での教育、学校での教育、企業での教育では、それぞれ目的も方法も異なります。しかし、「氣」という観点でみれば、すべての教育に共通する重要なことがみえてきます。


「氣」というと、特別な人だけが持つ特別な力だと考える人もいるでしょう。しかし、本書でお伝えする「氣」はそうではありません。誰もが持っていて、誰もが活用できるものです。わたしたちは大自然の一部の存在であり、氣が通《かよ》っているのが本来の姿です。

そして、氣が通っているとき、わたしたちは心を自由に使うことができます。「氣が通う」の反対語が「氣が滞《とどこお》る」です。不自然な心の使い方、身体の使い方をすると、せっかく通っている氣が滞ってしまうのです。氣の滞りは、身体の不調やパフォーマンスの低下を引き起こすだけではなく、ディスコミュニケーションも引き起こします。氣が滞った状態では、相手の状態を理解することができず、自分が伝えたいことが正しく伝わらなくなってしまうのです。

わたしがなぜこの本を出版したかといえば、心身統一合氣道の根幹である「氣」が「人を育てる」ことに不可欠なものだからです。

「武道」と「教育」がどこで結びつくのか。もしかしたら、疑問に思う方もいるかもしれません。

わたしが会長を務める心身統一合氣道会には、日本国内だけで400名近い指導者がいます。指導者の質の維持・向上が、リーダーであるわたしの責務です。また、次世代の指導者を育成していくことも大切な役目です。ゆえに、わたしにとっては、一人一人の指導者とのコミュニケーションが何よりも重要です。

つまり、教育や人材育成はわたしの仕事のメインフィールドであり、「持っている力を最大限に引き出す」ことを日々、求められているのです。

昭和医療技術専門学校という学校があります。

国家資格である「臨床検査技師」という医療従事者を養成する専門学校で、一学年あたり80名（三年制で総勢240名）の学生が日々学んでいます。全国平均で合格率70％台の国家試験において、昭和医療技術専門学校は毎年100％に近い合格率（直近10年平均合格率98・8％）を保っています。合格率を上げるために成績の悪い学生をふるい落とすケースも多いようですが、この学校では絶対にそれをしません。あくまでも全員合格を目指すのです。一日中、知識を詰め込むのかというとそうではなく、富士山に登ったり、キャンプに出かけたり、海外旅行をしたり……。勉学に直接関係ないと思われている、あいさつや掃除も徹底させます。世間の常識とは違うことばかりです。しかし「氣」というものを通じてみれば、決して不思議ではないことがわかります。

校長である山藤賢《さんどうまさる》先生は2016年から心身統一合氣道を学んでいますが、それより前から、教育の現場で氣を体現していたようです。そこには、小手先のテクニックや場当たり的な対応ではない「何か」があります。本書では、第1章、第3章で山藤先生との対話を通じて、その「何か」に迫りたいと思います。また、対談の内容を「氣」の観点から補足するため、わたしが第2章、第4章で解説を執筆しました。

わたしは心身統一合氣道の継承者ですから、合氣道全般を語る立場にはありません。本書の内容はすべて心身統一合氣道に基づいています。また、先代の藤平光一はわたしの師匠にあたるため、本来であれば敬称を用いるべきですが、読みやすさを考慮して本書では敬称を省略しています。ご理解をいただきたくお願いいたします。

心身統一合氣道では一般的な表記の「気」ではなく「氣」を用います。使い分けによる混乱を防ぐために、本書では「氣」の文字で表記を統一しています。

また本書では、「氣」のほかにも教育に重要な「形のないもの」に数多く言及しています。それらを「みる」場合にはひらがなで「みる」と記し、いわゆる目で見る場合は「見る」、映画や舞台の場合は「観る」と表記しています。

人の育成に関わるみなさんに、本書が少しでもお役に立てたら幸せです。

2018年10月

心身統一合氣道会会長　藤平信一

もくじ

第1章

対談①

「場をつくる」

山藤 賢

さんどう・まさる
医療法人社団昭和育英会理事長、
昭和医療技術専門学校校長、医学博士。

1972年東京都生まれ。昭和大学医学部、同大学院医学研究科外科系整形外科学修了。
現在は現役の臨床医として患者と向き合いつつ、医療法人社団昭和育英会理事長として医療機関を複数経営。昭和医療技術専門学校では校長を務め、若き医療人の育成に力を注いでいる。また、Jリーグやなでしこジャパン(サッカー日本女子代表)のチームドクター（オリンピック、ワールドカップなどに帯同）を歴任し、東京都サッカー協会医学委員長（現）を務めるなど、スポーツドクターとしても活躍している。人材育成に関しても、小学生から社会人までを対象に幅広い範囲で講演を多数おこなっている。著書に『社会人になるということ』（幻冬舎）がある。

「場」という発想

藤平　わたしは心身統一合氣道の指導者を育成する立場にありますが、現場に立っていて思うのは、「教育」を一言で語るのは難しいということです。世の中でよくいわれる教育論には、「こうあるべき」という理想を掲げるものが多く、少なからず抵抗感があります。たしかに、あるべき姿はわかる。けれども、どうすればそこに到達するのかが、普通はわからないわけですから。

山藤　そうですね。わたしも固い話は苦手です。

藤平　ですから、わたしは山藤先生が校長を務める昭和医療技術専門学校に、たいへん深い関心を持っているのです。同校は「臨床検査技師」という国家資格の取得を目指す専門学校で、国家試験では毎年100％近い合格率（2012年度〜2015年度は四期連続100％）という素晴らしい結果を出しておられます。就職率も100％だそうですね。

こうした結果だけを見れば、独自の学習メソッドや、学生を効率的に指導するカリキュラムのような、普通の学校にはない特別な仕組みを持っているのではと想像してしまいます。ところが、実際にはそんな仕組みは何もないようにみえます。当たり前のことを当たり前にしているだけで、むしろ、国家試験に関係なさそうな旅行やキャンプ、文化祭のような学校行事が目白押しです（笑）。医療とは直接関係のない方を外部から招いておこなう授業もあるそうですね。

山藤 ええ。国家資格取得を目的とした専門学校ですから、合格率を高く保つのはたしかに重要な目標です。しかし、**わたしとしては、在校生や卒業生が「うちの学校は良い学校だな」「ここで過ごした時間は大切な財産だ」と誇れるようにすることが、より重要だと思っています。**ですから、合格率は目的ではありません。極端にいえば、たとえ失敗しても「本氣でチャレンジした自分」を誇れるようにしてあげたいのです。

藤平 たしかに、合格率を上げたいだけなら、学校行事を開催したり、国家試験と関係ない授業をおこなったりする必要はありませんね。

山藤 突き詰めたのは、学生たちを**「キラキラした目を持つ社会人」**にするために、わたしを含めた職員は何をしたら良いのかという一点です。その結果として、現在のような「場」が生まれました。

藤平　山藤先生が今いわれた「場」という考え方。これこそが、教育においてもっとも重要なものではないか、とわたしは考えています。多くの人は、教育を「教える人」と「教わる人」という「線」の関係で捉えていますね。先生が良ければ、生徒も良くなるという考え方は、その一例です。しかし、実際には、先生が良いだけで、生徒が良くなることはありません。これに対して「場」という考え方では、先生も生徒も「場を構成する一員」であるということになります。

山藤　はい。「場」をつくっているのは、わたしを含めた職員、そして学生全員です。**わたしは職員の役割は、良い「場」をつくることだと捉えています。そして、良い「場」が、良い学生を育てると考えています。**

藤平　組織も同じではないでしょうか。個として能力の高い人がリーダーになったとしても、組織が必ず良くなるとは限りません。むしろ、「場」が悪くなってしまって、上《う》手《ま》くいかなくなるケースがたくさんあります。**リーダーにとって重要な役割は、場をつくることです。**平たくいえば、「氣が通《かよ》う場づくり」ということですね。

山藤　ええ。そう思います。「場をつくる」というキーワードは、常に職員と共有するようにしています。校長であるわたしの仕事も「場の創造」だと考えています。

藤平　初めて山藤先生の学校を訪問したとき、山藤先生は何一つ説明せず、学生が実際に授業を受けている教室へ、わたしたちを案内してくださいましたね。普通の学校では、そういうことはしないと思います。ある程度、言葉で先に説明してから案内するのではないでしょうか。あれは、まず最初に「場」を見せたかったわけですね。

山藤　そのとおりです。わたしがあれこれ説明するより、授業風景を直接見て感じていただいたほうが、説得力がありますから。どなたに対しても同じようにしているのですが、そんなにめずらしいですか。

藤平　めずらしいと思いますよ。

たしかに、おっしゃるとおり、最初に現場を見せていただいたことで、先入観なくわかったことがたくさんありました。廊下に、学校行事の写真がたくさん掲示されていたのも印象に残っています。年間スケジュールを見ると、一年生では高尾山へハイキング、東京ディズニーランドでの接遇（お客さん、患者さんなどに接する際の振る舞い、態度などのこと）研修、二年生は台湾研修旅行と文化祭の主催、三年生も国家試験を間近に控えるなか、病院実習後に富士山で研修キャンプと書いてあります。こういった行事をおこなうのは、良い「場」をつくることが目的ですよね。しかし「学校行事をたくさんおこなう＝場をつくる」ということでは、ありませんね。

山藤　はい。そういうことではありません。

藤平　ちなみに、わたしがもっとも苦手なのは、強制的に課外活動に連れていかれて、キャンプファイヤーを囲み、一言ずつ発言させられるような学校です（笑）。年間スケジュールだけを切り取ると、山藤先生の学校はまさにそういう苦手な学校に見えてしまいます。わたしのように感じる学生はいませんか？

山藤　おっしゃるとおり、入学当初はたくさんいます（笑）。研修キャンプ後にレポートを書いてもらうと「入学時に『三年生は富士山にいく』と聞いたときは、心の底から嫌だった」と書いてあることもあります。ところがおもしろいことに、実際にいってみた感想は「いけて本当に良かった」と変わっているのです。

藤平　つまり、入学したときにはわかっていなかった「場をつくる」という意味を、三年時の富士山研修キャンプに参加するまでに、学生はすでにさまざまな体験を通じて感じ取っているということでしょうか。

山藤　そのとおりです。それもまた「場」なのだと思います。ところが、教育関係の学会で、富士山の研修キャンプについてお話ししたところ、ある先生から「やはり自然はいいですね。うちでもやってみようと思います」といわれました。わたしの伝え方も足りなかったのでしょうが、キャンプという「形」だけを見ておられて、「何のために」まではご理解いただけなかったのだと思います。

藤平　なるほど。当時、わたしがそうした課外活動を嫌だと感じたのは、意味を理解していないのにもかかわらず、参加していたからだったのですね。

「合格率」という数字づくりをやめる

藤平　山藤先生は最初から教育者を目指していたのですか？

山藤　いえ。そもそも教育は専門外です。この学校に来るまでは、臨床医として病院でバリバリ外来診療と手術に明け暮れる毎日でした。同時に、Jリーグやサッカー日本女子代表チームに帯同するスポーツドクターとして活動し、その過程で、自分で創業したクリニックの運営もしていました。この学校は親が経営していたのを継いだものです。団塊ジュニアの世代以降、しばらくは定員80名の募集に対して安定した応募がありましたが、2008年ごろから定員割れが生じるようになり、さらに経営が悪化しそうな状態でした。まさに「閉校するかどうか」というタイミングで校長になったのです。

学校に来た初日のことは、今もよく覚えています。それは、先代が職員に「突然ですが、給料が払えなくなりました」と発表した衝撃的な日でもありました。職員会議を開くと全員が「学校を続けるのならば規模を縮小しなくては」といいます。わたしは「定員80人集めるところから始めたい。そのために良い学校であろう。中身がちゃんとすれば人は必ず集まる」と話しました。すると、この言葉に切り返すように、職員から「では、どのくらいの学生をカットして合格率を上げますか」という質問が出たのです。

藤平　どういうことですか？

山藤　合格率は資格取得を目的とする専門学校にとって最大のアピールポイントです。多くの学生を惹きつけるために、高い合格率を謳《うた》いたい。そのもっともたしかな方法は、確実に受かる三年生にだけ国家試験を受験させることなのです。つまり、成績下位の学生を多めに留年させれば自動的に合格率は上がるわけです。合格を目指す学校の立場としては矛盾した話ですが、同系統の大学・専門学校ではかなり多くおこなわれています。

藤平　なるほど、そういう数字づくりの現実があるわけですね。

山藤　ですから、ある年に全員を卒業させると、合格率が下がる。その結果、入学希望者は減ってしまう。それで、翌年は合格率を優先し、留年者を増やすという悪循環が起こってしまうのです。本校のスローガンである「全員卒業・全員合格」はわたしが校長に就任する以前からあったものです。良い言葉だなと思っていたのですが、その言葉が上滑りをしてしまい、目標達成にがんばる職員たちの努力が、単なる数字づくりになっていた。そこで、まずはこの悪循環を止めることにしました。つまり、スローガンの言葉どおり、なるべく多くの学生を卒業に導き、そのうえで合格率を高めるにはどうしたらいいかを考えるところから始めたのです。

東京都大田区中央にある昭和医療技術専門学校の外観。

臨床検査技師国家試験の自己採点で全員卒業・全員合格が決まった直後に。

藤平　現在はどうなっているのですか。

山藤　２０１２年度以降、最終学年での留年者は１名も出していません。国家試験の全国平均合格率は60％台から80％台を推移しているのですが、本校は２０１２年度から４年連続で１００％でした。これは全員が卒業したうえでの数字です。昨年の国家試験では不合格者もいました。試験は水モノなので「絶対」とはいえません。しかし、それでも職員も学生も、本氣で「全員卒業・全員合格」と考えています。

おかげさまで入学希望者もかなり増えました。少子化の影響もあり、都内の専門学校では閉校になったり、定員を半分にしたところもあるのが現状です。そのなかで、本校は現役生だけでも、定員の倍以上の応募がある状態を維持し、現在も受験者数は増え続けています。

藤平　そこに集う全員が本氣で「全員卒業・全員合格」を目指す。まさにそういう「場」ができたわけですね。そして、その「場」が学生だけではなく、職員一人一人にも影響を与えている。「合格率を上げる」という目的だけでは絶対に得られないものですね。

山藤　はい。そういう「場」ができたら、学校経営も上手くいった。数字も自然についいてきた、という感覚があります。

藤平　「場」をつくるために最初にしたことは何ですか。

山藤　うーん、何だったでしょうね（笑）。思い出してみます。まず、**この学校を「経営の数字づくりの場」ではなくて「学生が幸せになり、誇れる場」にしていこう**という話をしました。学生を変えるより先に、我々が変わるところから始めようと……。そうだ！　最初にしたのは、職員のいる職員室のレイアウト変更でした。

わたしが来た当時、教務課、事務課のあいだには壁があり、お互いの行き来がありませんでした。そして教務課の机は、壁に向かって座るようにレイアウトされていたのです。つまり、全員が壁に向かって仕事をしていて、会議や話があるときだけ椅子をクルッと回していた。これを逆にしようと、机を中央に集め、普段から常に顔を突き合わせ、雑談できる空間にしました。工事で壁を壊し、教務課と事務課を一つの場にしたのです。わたしの机ももちろんそこにあります。校長室は今もありません。これが最初でした。

昭和医療技術専門学校という「場」

藤平　山藤先生の学校で、実際に学生のみなさんと接して驚いたことが二つあります。一つはレポートです。外部から講師を招いた特別授業などでは学生が感想を書くわけですが、どのレポートも「自分が感じたこと」をしっかり言葉にしています。大人が期待する「正解」を書く学生はいません。あるいは「おもしろかったです」「ためになりました」と、1行、2行で終わらせる学生もいませんね。

山藤　ありがとうございます。他の大学の先生方にも同じようにおっしゃっていただいています。国語の専門家の方々からも感心していただいています。

藤平　レポート用紙にビッシリという分量を、だいたい20分で書くそうですね。

山藤　その場で書かせることもありますし、自宅でじっくり書かせることもありますが、とにかく「書く」ことにはこだわっています。入学して最初の授業で**「レポートは用紙の5分の4以上書くのがマナーだ」**と指導するのですが、授業が進むうちにレポート用紙2枚くらいは、みな当たり前のように書くようになります。

藤平　ある有名企業でわたしが新人研修の指導をした際、受講レポートを見せていただいたことがあります。どれも同じような感想で、おそらく、会社が期待する「正解」が書かれていたのでしょう。これには本当に驚きました。

比較するわけではないですが、山藤先生の学校では、同じ感想が一つとしてありません。つまり、自分の感じたことを率直に書けているということですね。

山藤　**「感じること」「表現すること」が人としての土台になると考えているのです。**その訓練をしてあげることが、我々、大人の役割ですから。

藤平　もう一つ、驚いたのが学生のみなさんの「あいさつ」です。どの学生もこちらをまっすぐに見る。わたしの知る限り、初対面で人をまっすぐ見られる学生は少なく、多くの学生が「斜《しゃ》に構える」とまではいいませんが、目に見えない壁をつくって接しているようにさえ感じます。わたしは、これを他者への「不信感」、あるいは「あきらめ」と捉えているのです。

大学の一般教養の授業で指導していても、はじめのころはこちらをまっすぐ見る学生は少なく、信頼関係が構築されていくうちに、みなまっすぐ見るようになります。つまり、人をまっすぐ見るということは信頼の表れであり、「場」をつくる大事な要素ではないでしょうか。

この**「感じて表現すること」「信頼すること」**という二つの観点から、昭和医療技術専門学校という「場」について紐解《ひもと》いていければと思います。

第一歩は、心を向けること

山藤　では、その根底となる話をさせてください。

先ほどもお話ししましたが、わたしは医療の現場から、たまたま教育に来た人間です。当初は、その責任の重さから「なぜ自分は教育に携わっているのだろう」と悩むこともありました。しかし、ある出来事がきっかけでたしかな目的を持つことができたのです。

それは、新宿の高層ビルにあるクリニックに、うちの学生の就職のあいさつにいったときのことです。エレベーターが各階で止まり、そのたびに大人たちが乗ってきました。

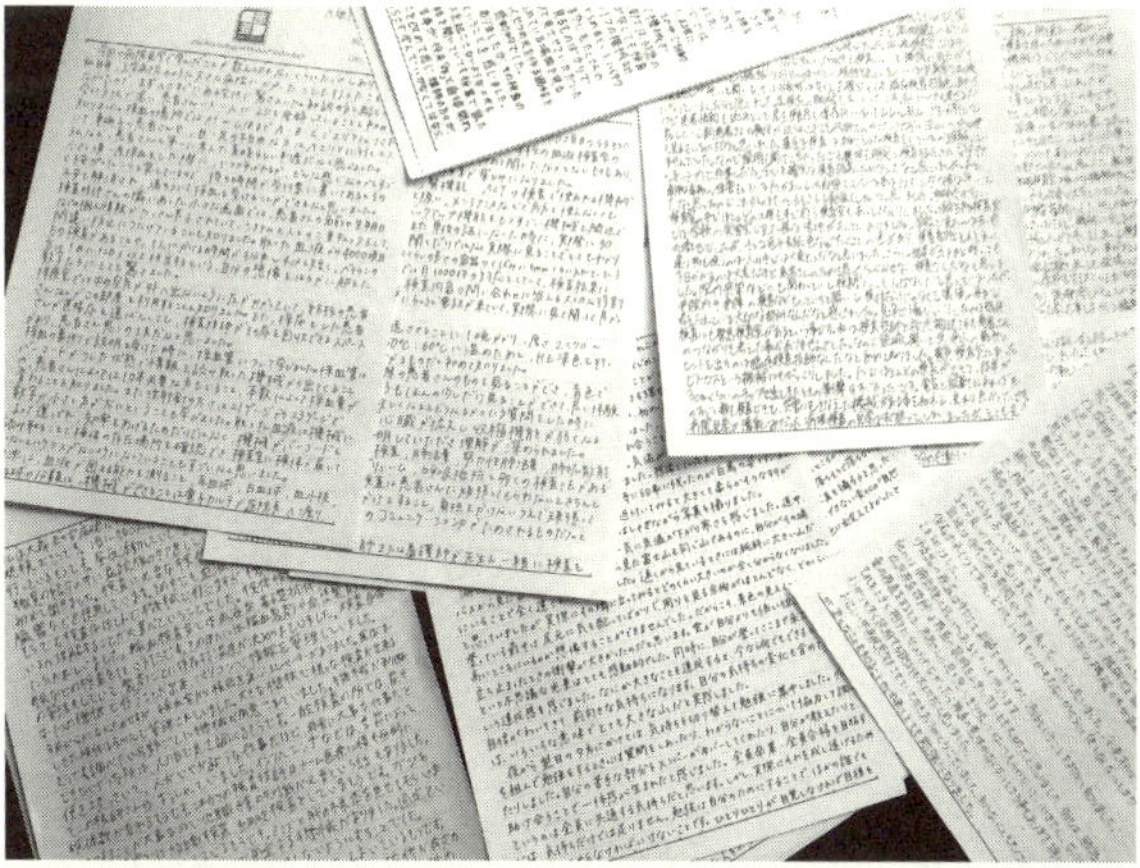

学生たちのレポートはこのようにびっしり書き込まれている。

講義後、ワーク後に、学生たちがそのまま「感じたこと」を書く時間。

その彼らがみな一様に、死にそうな顔でうつむいているのです。言葉は悪いのですが「死んだ魚のような目」とはこのことかと、衝撃を受けました。わたしは、自分の隣に立っている卒業生が、このビルで毎日働く姿をイメージせずにはいられませんでした。そして**「この子だけはキラキラした目をした社会人であって欲しい」**と、強烈に思ったのです。それができたら、このエレベーターも、このビルも、もう少し幸せな空間に変わるかもしれない。そんな社会人を送り出したいという思いが、このとき、わたしの根底に生まれたのです。

藤平　なるほど。

山藤　とはいえ、学校に入学した直後の18歳、19歳の学生から、そうした「やる氣」を感じることはほとんどありません。

藤平　元からできているわけではないのですね。

山藤　はい。一年生の最初の授業がいちばん手強い。こちらの顔を見ませんし、話もほとんど聞きません。高校までそういう態度で過ごしてきたのでしょう。表現が悪いかもしれませんが、「どうせ、あなたも本氣じゃないでしょ」と大人をなめているようにさえ感じます。

藤平　わたしが感じる「不信感」や「あきらめ」と同じものですね。心の状態は「氣」によって伝わるわけですから、本氣かどうかは相手や周囲に伝わってしまいます。

山藤　ですから、一年生に対しては「本氣で話す」と「本氣で聴く」という基本から始めます。全員が顔を上げて、こちらを向き、顔を合わせるまでわたしは話を始めません。全員がそうなるまで待ちます。「君たちがこちらを向かない限り、わたしは話さないよ」というわけです。学生が下を向いているのに話を始めるのは「伝わっても伝わらなくてもどちらでもいい」という意味で、こちらが本氣ではないことを示しているようなものだと思います。

なかには「メモをとっています」という素振りで下を向く学生もいますが、そのときは「メモをとる以前に、話を聴くという土台が必要だよね」と伝えます。

藤平　学生はどんな反応を示しますか。

山藤　たいていは目が泳ぎますね（笑）。「この人はいったい何をいっているのだろう」という感じでしょうか。反発はほとんどありません。

もともと学生に悪氣はないのです。おそらくは、教わったことがないだけ。今はこういう指導をすると「あの先生は厳しい」といわれてしまうので、なかなかできないのかもしれません。しかし、こうした風潮はすごく怖いことだとわたしは感じています。

藤平　「反発」ですら、相手に心を向けているからこそ生じるものですよね。相手に無関心ならば、反発も生じません。**山藤先生は最初の授業で、「心を向ける」という基礎訓練をしているわけですね。**

山藤　まさにそのとおりです。心身統一合氣道の稽古で「心を向ける」意味を教えていただいてからは、教室の黒板に「心を向ける」と板書するようになりました。姿勢を整えて、顔と視線を相手に向けることを徹底します。

藤平　**心と身体、両面で「姿勢」を整えている。**

山藤　そうです。そのうえで「あいさつ」の話をします。学生はみな幼いころから「あいさつが大事」といわれてきています。でも、なぜ大事なのかは知りません。「どうして、あいさつをしなくてはいけないのか。知っている人は教えて」と聞いてみると、「部活でいわれたから」「親からいわれたから」「先生からいわれたから」という答えばかりで、その理由が出てくることはほとんどないのです。

以前、外部で研修を受けたとき、ある講師の方は「社会人にとって、あいさつとは『わたしはここにいます!』という主張だ。だからしっかりしなさい!」と解説していました。つまり、あいさつをすることで自分の存在が認められる。だから、社会人になったらあいさつをするほうがいい、というわけです。これも一つの考え方かもしれませんが、わたしの考えは違います。

わたしは、**あいさつとは「相手を認める」こと**だと考えています。そこにいる相手に対して「あなたはそこにいますね。わたしはそれを認めていますよ」と伝えるわけです。だって、誰もいないところで、一人であいさつしていたらおかしいじゃないですか(笑)。そこに相手がいて、その相手の存在を認めている。そのことを相手に伝える。だから、あいさつがあるとうれしいと感じるのです。

藤平　亡くなった大事な人の写真に語りかけるのも、姿、形こそなくても、そこにたしかに相手が存在することを認めているからですね。

「『自分がここにいる』と主張する」のと「『相手がそこにいる』と認める」のでは、心の使い方として正反対です。自分のためのあいさつならば、面倒くさいときは絶対にあいさつなんかしないでしょう。

山藤　あいさつをすると、相手を喜ばせることができる。だから、元氣よく大きな声で、笑顔で「おはようございます」とこちらから声をかけよう。そうすると、相手も笑顔で返してくれてお互いが良くなる、と教えています。

最初に学校に来たとき、一年生の多くは教務課の前を素通りします。でも、こうやってあいさつの意味を説明し、理解してもらうと、帰りは全員が立ち止まって「さようなら」とあいさつをしてから出ていきます。**学生は悪意があってしないのではなく、意味を理解していないからできない**という一つの例です。

藤平　しかし、それを学生に求めるためには、職員にはもっと厳しく指導を求める必要がありませんか？　学生に本氣を求める以上、それ以上に本氣でやらないと伝わりませんね。

山藤　そのとおりです。わたしが校長になる前から、あいさつの教育はしていたようです。その理念は素晴らしい。でも、学生にいうだけで職員には求めていなかった。それでは、絶対に伝わりません。

わたしが校長になって、まずは職員にあいさつの意味を理解してもらいました。すると、始業は午前9時からなのに「登校してくる学生全員にあいさつができるように」と、自主的に早く来てくれるようになりました。

藤平　学生よりも職員が先に来る理由が「あいさつをするため」というのはすごいことですね。

あいさつについては、わたしも同じ理解です。**あいさつとは「相手の存在を認める」ことであり、あいさつを通じて「氣が通う」**わけです。この観点でいえば、「おはようございます」と声をかけられてから返す「おはようございます」は、あいさつとはいえず、単なる返事です。自分からあいさつをする意味がここにあります。

世の中には、あいさつがないことで、傷ついたり、怒り出したりする人がいます。あれは「自分の存在が認められていない」という氣持ちから来ていて、尊厳を傷つけられたと感じているのですね。

「氣」の観点で学生をみる

山藤　いま**「氣が通う」**という表現がありました。わたしは心身統一合氣道の道場に通うようになってから、「氣」という観点で学生をみるようにしています。とはいっても、自分なりの実践なので間違っているかもしれません。この機会にぜひ教えていただきたいのですが……。

ある職員から「いつも話を聞いてない」といわれる学生がいます。何度注意しても直らない。それで「わたしから話そうか」と、その職員にいったら「そりゃあ、校長の話だったら学生も聞くでしょう?」といわれるのです。

藤平　でも、校長だからといって、学生が話を聞くとは限りませんよね。

山藤　「あの人だからできる」で片付けてしまうと、それ以上の進歩はないと思うのです。自分にできないことが、あの人にはできる。その違いはいったい何なのかを考えて欲しい。わたしもそうやって一つずつ学んできました。

わたしがみるに、このケースでは「氣が通う」という前提がないまま、学生に変わることを求めているのだと思うのです。

心身統一合氣道では、氣が通うから相手の心の状態が良くわかる、という稽古がありますね。氣が通っていないと、学生がどんな心の状態なのか、どんな思いを持っているのかわかりません。

藤平　まさしくそれですね。相手に「こうなって欲しい」「ああなって欲しい」という氣持ちが強いときは、**「相手を理解する」**という姿勢がないので氣が通いません。

山藤　先ほどの「学生がこちらを向くまで待つ」でいえば、まず最初に「氣が通う」状態にしているつもりなのです。学生が下を向いているからといって、そこで「どうしてこちらを向かない！」「何回いえばわかるんだ！」と怒ってしまったら、氣が通わないでしょう。

藤平　それでは氣が通うどころか、氣を止めてしまいますね。

山藤　これは稽古を始める前からあった感覚で、自然にやっていたことではあるのですが、稽古で初めて「ああ！　そういうことだったのか」と腑《ふ》に落ちました。

藤平　そうでしたか。わたしは、**相手に伝わるか、あるいは伝わらないかは「100％**

伝える側の責任」だということを自分の規範としています。

たとえば、講演をするとき、会場が自由席だと、前方の席には関心の高い人が集まります。後方の席には、どうしても関心の低い人が多くなる。つまり、後方ほど氣が通いにくいわけです。講演をする側からいえば、目の前できちんと話を聴いてくださる人たちのほうがやりやすいので、ついそちらばかり向いてしまう。すると、後方はさらに関心を失っていきます。そうなると、もうたいへんです（笑）。

ですから、わたしはどうしたら全員がこちらを向くかを考えます。まずは、関心を持っていただけるようなデモンストレーションから講演を始める。後方の席の人には、必要に応じて壇上から声をかけるときもあります。「こんなに後ろに座っている自分のことなどわからないだろう」と思っているのか、声をかけられるとたいへん驚きます。するとその人だけでなく、周囲の人たちもこちらを向くようになります。その結果、氣が通っている状態で話ができるのです。

熟練の噺家《はなしか》さんが、最初は小声で始めて、みなが注意深く聴くようになってから本題に入るのと同じですね。このあたりは寄席通いで学びました。

山藤　ただ一方的に話をするだけでは「自分はちゃんと伝えました！　何回いってもあの子が聞いていないだけです！」という結果になるのは当たり前ですね。

今は、稽古で学んだことを、職員にそのまま話すようにしています。伝わらないのには、必ず何らかの原因がある。「氣が通う」という観点を持つことで、職員ももっと良くなっていくと思うからです。

藤平　それは間違いありません。「氣」という観点を持って物事をみることで、それまで理解できなかったことがよく理解できるようになります。

今、お聞きした事例などは、「氣」と「心」の関係を示す最たるものです。氣が通っているときに、心の状態は伝わります。ですから、氣が通っていなければ、いくら強い思いを持っていても相手には伝わりません。

山藤　「空氣」がなければ「音」は伝わらないのと似ていますよね。

「どのようにいわれるか」より「誰からいわれるか」

藤平　実際のところ、**人は「どのようにいわれるか」より「誰からいわれるか」のほうを氣にします。**誰にでも「あなたにだけはいわれたくない」という人がいますよね(笑)。たとえ厳しい指摘をされるにしても、「あの人にいわれるならば仕方ない」と捉えることもあれば、「あの人にだけはいわれたくない」と捉えることもあります。

これは、相手とのあいだに信頼関係があるかどうか、つまり「氣が通っている」かどうかの違いで生じるものです。したがって、もし本当に相手に伝えたいことがあるのなら、伝え方をあれこれ考える前に、どうしたら氣が通うかを考えることが大切です。

先代の藤平光一は**「当たり前のことを当たり前にする」**ということを徹底して弟子に教育しました。弟子のなかにも不心得者がいて、こういうことを疎かにする者もいましたが、その都度、先代は厳しく正していたのです。

山藤　たとえば、どんなことですか。

藤平　それこそ、先ほど話に出た「あいさつ」もそうですし、「約束を守る」「期限を守る」「時間を守る」こと、あるいは「最後まで全うする」こともそうです。こういった**「当たり前」ができていないと、人として基本的な信頼が得られない**、つまり氣が通わないと説いたのです。

山藤　「氣」というと何だか特別なものと捉えられがちですが、じつはもっと当たり前のことなのですね。

藤平　でも、**わたしたちは、当たり前のことが意外とできていません。**大企業の研修でもこのことに触れるのですが、みなさん頭を抱えます（笑）。

ある企業のリーダーシップ研修で指導をしたとき、「自分の話を理解してもらえない」と悩む中堅社員がいました。なんとかしようと「伝え方のテクニック」のような本をよく読んでいるそうです。しかし、この方は自分の都合が常に最優先で、部下から相談があっても後回しというタイプでした。そんな姿勢で、どうやって信頼関係を構築できるでしょうか。氣が通っていない状態では、どれだけ伝え方を工夫しても、伝え方のテクニックを学んでも、伝わるようにはなりません。

山藤　それはそうですよね。

藤平　でも、当の本人はそれに氣がついていない。とくに会社内には役割上の力関係があるので、**「相手を力で動かす」**ことに慣れてしまい、**「相手を導いて動かす」**という発想が抜け落ちてしまいがちです。本当に良いリーダーになるには、そこができなければいけませんから、大企業の研修で心身統一合氣道が必要とされているのだと思います。

山藤　その大事なことを、単なる理屈ではなく、実際に身体で体験できるのが大きいのではないでしょうか。

同様のことは、小中高の教育の現場でも起きています。文科省の指導方針、学校の方針に沿ったルールや仕組みをつくり、その内容を伝えればいいというスタンスで、評価の仕方、カリキュラム、時間割といった形の部分だけが何度も変更され、根本的な部分はまったく変わらない。言葉は悪いですが、そのやり方では、教師の伝える力はいつまで経っても伸びないだろうと思うのです。

藤平　なるほど。

山藤　わたしの学校の会議では「今度、学生に○○を伝えます」というときは、必ず**「誰から伝えるか」**を話し合います。担任、教務主任、学科長、それとも校長のわたしか。誰がやるのかをまず聞く。誰から伝えると、もっとも相手に伝わるのかを考えるのです。「教務主任が適任でしょう」「デリケートな部分だから担任から話したほうが良いのでは？」「これは重要なので校長でないと」という会話が自然に出ていました。

藤平　職員と学生との関わり、つまり「氣が通っているか」という視点でみているということですね。

山藤　おそらく、そうでしょうね。実際、欠席しがちな学生と話すのが、わたしよりずっと上手い職員がいます。誰から話してもダメだったのに、その人が話すと次の日には出席してくる。そういうことがよくあります。

藤平　わたしも同じです。組織の長であるわたしは、それぞれの指導者と信頼関係がなければいけません。とはいえ、すべてをわたしから伝えるのが最善とは限りません。わたしよりも適任の人がいるときは、その人にお願いして伝えていただくこともあります。**「相手にどう伝わるか」から逆算すれば、自分がどうすべきか自ずとわかります。逆に、「自分がどうすべきか」から始めると、どうしたら良いのかがわからなくなってしまうのです。**

「形のないもの」をみる

山藤　学校に限らず、医療施設でも、職員から「思いをもって伝えているはずなのに、まったく伝わらない」という相談を受けることがあります。本人としては相手と真剣に向かい合っているつもりなのですが、上手くいかない。氣が通っていないことが原因であることはわかるのですが、本人にはその自覚がありません。どうしたら自覚を持ってもらえるかが、とても難しい……。

藤平　それこそ本当の「問題」ですね。氣が通うことが大事であると頭で理解しても、実際に氣が通っているかがわからなければ意味がありません。

それには原因があります。**わたしたちは、言葉や態度、行動といった「形のあるもの」ばかりを見て、氣のような「形のないもの」をみません。**とくに、心の状態は氣を通じて伝わりますから、氣をみることがとても重要なのですが、それをしないのです。研修などでは、これをデモンストレーションで具体的に示します。

山藤　どんなことをされるのですか？

藤平　「わかりましたか？」「わかりました」という会話です。AとBの2人がいるとして、AはBに「わかりましたか？」と尋ねます。Bは「わかりました」とだけ答えます。文字でこのやり取りを見ると意味は一つです。しかし、実際にはBが「わかりました」というときに発している氣によって、その意味は複数あります。本当に理解しているときには、そういう氣を発しています。本当のところよくわからないときは、よくわからないという氣を発しています。言葉の意味を理解するというよりも、相手が発している氣をみることで、その人が本当に理解しているかどうかがわかる。言葉では「わかりました」といっていても、「本当は理解していないな」ということもわかるのです。

山藤　ああ！　それは日常で頻繁にありますね。返事は良いけれども「あなた、絶対にわかっていないでしょう」という……（笑）。

藤平　本当にたくさんありますね（笑）。閉店間際のお店に入って、「いらっしゃいませ」と声をかけられても、すごく居心地が悪いことがあります。

山藤　言葉では「いらっしゃいませ」といっていても、心ではそう思っていないことが、発している氣で伝わってしまうわけですね。この場合、雰囲氣といっても同じことでしょうか。

藤平　そうですね。雰囲氣も「氣」ですから。**相手が発している「氣」は、表情、視線、声の大きさ、会話の間《ま》などトータルなものとしてわかります。**自分の心が静まってさえいれば、自然と感じ取れる。先ほどのデモンストレーションもやってみれば、みなさんできます。ただ、自分の心が乱れているとき、たとえば怒ったり、動揺したり、緊張したり、あるいは自分のことしか考えられないときは、それがまったく感じ取れなくなるのです。

山藤　なるほど、先ほどの職員でいえば、相手に「こうなって欲しい！」という思いが強すぎることで、相手が発している氣を感じ取れなくなっていたのですね。信頼関係が十分に構築できていないのに、あれこれ伝えようとしてしまった。

藤平　そういうことだと思います。わたしはよく**「形のないものをみる」**というのですが、その職員の方には、学生さんの言葉や態度だけではなく、発している氣をみる訓練をされることが重要だと思います。

相手のことを思って接しているつもりが、じつは自分の思いを相手に押しつけていることもよくありますね。合氣道の技でいえば、自分の思い通りに相手を動かそうとして、相手の状態をまったくみていないのと一緒です。すると、相手とぶつかってしまい、**「導き投げる」**ことができなくなります。

山藤　その感覚を言葉だけで掴むのは難しいですね。だからこそ、稽古に通う価値があるのだとは思いますが……。

藤平　「氣が通っている」感覚を掴むのは難しいかもしれませんが、誰でも上手くいかなかった経験があるわけですから、それを思い出せば「氣が通っていない」感覚は理解できるのではないでしょうか。

じつをいえば、わたしも当初は「自分の思いが強いほど、物事は成功する」と思いこんでいた一人です。育成する相手にも「こうなって欲しい」という思いを強く持っていましたが、上手くいかないことばかりでした。でも、その経験があったからこそ、「氣が通っていない」状態を理解できたのだと思います。

山藤　わたしも上手くいかなかった経験値は高いです（笑）。

藤平　信頼関係が構築されてくると、相手はそういう氣を発します。同時に自分も同じ氣を発しているわけです。それこそ「氣が通っている」状態です。その状態で伝えるから、お互いに正しく伝わるわけです。

山藤先生の学校でわたしが学生さんに講演させていただいた際、初めて会う人たちであるにもかかわらず、すでに氣が通っている状態でした。これはわたしとの信頼関係というよりも、日頃から山藤先生や職員のみなさんとの信頼関係が築かれていたことによるものだと氣がつきました。先ほど触れた学生さんたちが「まっすぐ見る」姿勢も、ここから生じているのだと思います。

一年生の最初の授業がもっとも重要

藤平　わたしの関心は、山藤先生が日頃どのようにして氣が通う場をつくっているかです。山藤先生は校長でありながら、自ら教壇に立たれる機会も多いと聞きました。

山藤　あれこれと試行錯誤して、入学直後の一年生の教育が本当に大事だと思うに至りました。今は一年生が最初に受ける授業の枠で、わたしがやれるものはできるだけ担当することにしています。週4日くらいですね。

藤平　そんなに担当されているのですか。

山藤　はい。一年次だけでも、解剖学、保健体育講義、保健体育実技、臨床哲学・人間学、生命の倫理がわたしの担当です。たとえば最初の講義である「私の自己紹介」では、わたしが17歳のときに「死にたい」と家出をしたときのことを話します。

藤平　初回からハードですね（笑）。

山藤　わたしたちは、学生たちが18歳まで過ごしてきた人生に関わることはできません。18歳からできることをやるしかない。それまで習ってこなかったような関係性を築くには、こちらも本氣で話す必要があると思うのです。

それで、長いあいだ、誰にもいえなかった自分の体験を伝えることにしました。わたしは高校までサッカー一色の人生を送っていたのですが、17歳のときに負ったケガをきっかけに心が折れてしまい、夢だった全国大会を目指すことを断念しました。「自分にはサッカー以外ない」と思い詰めていたので、監督や親と衝突し、部活も辞めました。

それで「死にたい」と家出をして、3日間高尾山をさまよったのです（笑）。伝えたいのは「わたしはみなさんと同じ歳のときに死にたかった。そんな人間だよ」ということです。そして「そのとき、わたしはこんなふうに感じていた。そして、この出来事をこんなふうに口に出して話せるようになったのは、ごく最近のことだよ」というような話をします。

そして、この話を題材に「みなさんがいちばん辛かったことはなんですか。それをどうやって乗り越えてきましたか」というテーマで文章を書いてもらうワークにつなげています。

藤平　校長が、初日から「死にたかった」という話をしたら、新入生は驚くでしょうね。「世の中こういう人もいるのか」という反応になりますね。

山藤　校長だなんて偉そうにしているけど、大人にだって弱いところはあるというところを見せたいのです。すると、感想文に「自分も死にたかった」と書いてくる子がいます。それこそ命がけの親との軋轢《あつれき》だったり、自分の抱える悩みを書いてきたりもします。

藤平　それが最初のレポートですね。

山藤　はい。最初の授業ではいろいろなルールを伝えますが、その一つが「ワークをしたら、必ず終わる前に感想をレポートに書いて提出する」というものです。**感じたことだけを書きなさい**と話します。

藤平　感じたことだけを書く、ですか。

山藤　ええ、本当に感じたことだけ。だから内容は支離滅裂でもOK、漢字の間違いもOK、起承転結も無視でいい。感じたままをそのまま書く。ですから、その人にしか書けないレポートが出てきます。

藤平　「てにをは」すら直さないのですか。

山藤　最初は直しません。ちなみに「日本語表現法」という授業もあるので、正しい文章の書き方はそちらで学んでもらいます。これはわたしの授業におけるルールです。レポート用紙を配ると、最初は5行くらいしか書けない子がたくさんいます。3行もいる。いわば、これが小中高で学んだ教育の成果です。ざっと見て、次の話をします。「レポート用紙が1枚あったら5分の4を埋めるのが礼儀です」と。

藤平　礼儀として教えるのですね。

山藤　はい。相手に対する礼儀です。社会に出たら、誰にもいわれなくても、5分の4以上埋めるほうがいい。2枚目に進むなら、そちらも半分は埋まっていたほうが良い。相手が喜びます。

藤平　わたしはアンケートを1行で済ますことがあります。考えてみれば、本氣で書いていませんでした。今後は氣をつけます（笑）。

山藤　それは状況にもよりますから。ただ、見た目の量で本氣度が伝わってしまうことがあると伝えたいのです。ですから、結果的には3分の2になっても良い。感じたことをその量で書こうとすると、授業に参加する姿勢が変わってきますし、書けなかった子も書けるようになっていきます。

藤平　わたしは、そこが不思議なのです。今の子どもたちの傾向として「否定されたくない」という氣持ちが非常に強い。ですから、いくら「感じたままを書きましょう」といわれても「変なことを書いたら否定されるのではないか」と警戒して、率直に書けないのではないですか。

山藤　そうですね。最初は書けない子もたくさんいます。ただ、このレポートはわたしだけが読んで本人に返すもので、オープンにはしません。その前提で書かせています。それに、書きたくないことは書かなくても良いと伝えています。

藤平　つまり、学生の感想をそのまま受け入れているわけですね。

山藤　単純に、わたしが読んでいて楽しいのです。「てにをは」や漢字が間違っていても、豊かなものを持っている、おもしろい子がたくさん見つかります。そうほめるとたいていは「生まれて初めて文章でほめられた」といいますね。受験における評価では、上手い文章を書ける子が優秀だとみなされますから、自分の持っているものに氣がつく機会が少ないのでしょう。自分の物語を書けることを評価する仕組みなど、受験はもちろん、高校までの教育にもありませんから。

藤平　なるほど。わたしが注目したいのは**「否定をせず、学生が感じることをそのまま受け取る」**というプロセスです。ここがもっとも重要ではないでしょうか。

感じることができても、否定されたくないから、自分を表に出さない。「出しても大丈夫」という土台がないと感想一つ書けません。ところが、山藤先生の学校では、それができている。わたしの知る限り、そういう学校は少ないと思います。

山藤　たしかに研修キャンプの感想でも「いきたくなかった！」と思い切り書いてきますね。どれほどいきたくなかったか、どんなに嫌だったかが延々と書いてあって、最後にちょっとだけ、「でも参加して良かった」と終わる。普通、あの感想は書けませんね。「何を出しても大丈夫」という場ができているからでしょうか。

感じることを否定しない

藤平　この話を、もう少し掘り下げたいと思います。

じつはわたしは小学生だったときに「感じたままを書きなさい」といわれて出した作文で、担任の先生から「こんな感じ方はおかしい！」とクラスで怒られた経験があるのです。子どもながらも「感じ方がおかしいって何だ？」と疑問を感じたのを今でも覚えています。

日本の学校教育には、常に「正解」らしきものがあって、その正解を探す作業をしているように思います。わたしの例でいえば、先生が求める正解と異なる感じ方をわたしがしたから「感じ方がおかしい！」と叱責されたのでしょう。

山藤　本来、滅茶苦茶な話ですね（笑）。

藤平　**「感じる」ことを否定するのは、その人の存在を否定することです。だから信頼関係も壊れてしまって氣が通わない。**本人がそう感じているのは事実なのですから、自分の感じ方と違っていたとしても、いったんは受け入れたうえで違いを伝えれば良いわけですね。

山藤先生は、学生が感じたことを、まずはまっすぐ受け止めています。だからこそ、学生も「感じたこと」をまっすぐに出してくる。このプロセスで、基本的な信頼関係ができて、氣が通う「場」ができているのではありませんか。

山藤　う〜ん、まったく自覚していなかったのですが、いわれてみれば、たしかにそうですね。

わたしの授業では、発言をうながすウォーミングアップとして**「グッド・アンド・ニュー」**というものをやります。最近起きた良いこと、新しいことを発言し合うだけなのですが、「手を挙げて」といっても、最初は手が挙がりません。そこでまずは6人一組でやってもらって、グループ内から推薦された1人に発表してもらいます。

先日の授業では「昨日、部屋にゴキブリが出た」という子がいました。これのどこがグッドなのかというと「北海道生まれなので人生初のゴキブリだった」というわけです。みんなゲラゲラ笑って、他の北海道出身の学生に聞いてみると「わたしはまだ見たことありません」とか「ぼくは写真では知っています」なんていう話が出てきて、そんなことをしているうちに、授業の最初の30分が過ぎていきます。

藤平　ははは（笑）。

山藤　教室の雰囲氣を良くしたり、言葉を発する機会をつくったり、たしかにこれは**「感じたことをそのまま出しても大丈夫」と学生が安心できる場づくりをしている**のだと思います。ひとたび、そういう「場」さえできれば、マジメな議論でも、頭を使う難しい質問に対しても、真剣に取り組んでくれるようになります。

藤平　その一方で「否定されることを大事にしなさい」という教育もありますね。社会に出ると、耳が痛い話のなかに自分を伸ばすヒントが見つかることが少なくありません。

でも、それができるようになるには、まずは「認められる」という土台が必要だと思います。

山藤　たしかに、認められているという信頼がなければ、否定を受け止められるはずがありませんね。なるほど、そういうことをしてきたのですね、わたしは（笑）。

藤平　形だけを見ると「感想レポートを提出させればいいのか」と捉える人がいるかもしれませんが、目的を理解せずに真似しても意味がありませんね。

山藤　本校では3年間かけて「場」がつくられていくわけですが、それはレポートを読んでいても感じます。入学当初、授業中何度起こしても寝てしまう子がいました。でも、だんだん発言が増えていって、一年生の最後には自分から手を挙げるようになったのです。「生命の倫理」という授業の最後のレポートでは、「生きるとは何か」というテーマについて、自分の家族への赤裸々な思いと将来への決意を熱く丁寧に綴《つづ》ってくれました。それをわたしに読ませてくれたのは、1年間で築いた関係性のおかげなのかな、と涙が出ましたね。わたしの勘違いだといけませんが（笑）。

挙手している学生ではなく、それを聞く学生に注目する

藤平　授業で他に大事にしていることはありますか。

山藤　いくつかあります。たとえば、「生命の倫理」の授業では**「最後に感想文を出す」**とともに**「講義中に必ず一回は発言する」**というルールを設けています。はじめは誰でも人前で発言するのを嫌がるものです。だから**「発言しないと出席とはみなさない」**というルールにしておかないと始まらない。回数を重ねるうちに、だんだん平氣になっていきます。いいたいことがいえる場になっていくのです。

藤平　そこが知りたいところです。発言をうながす仕組みを設けること自体は、よくあるやり方だと思います。しかし、ルールで無理やりやらされているだけならば、本当の意味で自発的に発言する場にはなりません。むしろ、その場の雰囲氣を悪くしてしまう可能性が高いですね。

山藤　たしかに陥りやすいところですね。そうですね……。いくつかポイントがあるかもしれません。じつは、**わたしが重点を置いているのは、手を挙げている学生ではなく、**

その発言を聞いている学生のほうです。挙手した学生が言葉を発するとき、全員がそちらを向いて聴いているか。発言することがメインではなく、他の人の言葉をきちんと聴いているかをみています。

藤平　きちんと心を向けているかをみるのですね。

山藤　そうです。ちなみに複数の学生が挙手した場合には、わたしからは発言者を指名しません。学生たちに決めてもらいます。その場で「自分がやります」と主張したり、「どうぞ」と譲ったり、何らかの解決をしてもらうのです。決してわたしがサボっているわけではありませんよ（笑）。

藤平　山藤先生は極力コントロールせず、見守るということですね。学生を注意することはないのですか。

山藤　発言の内容で注意することはありませんが、人の話を聴いていないときはその場で注意します。

藤平　他の人の発言を否定する学生はいませんか。

山藤　**「否定をしない」**というのも最初に掲げているルールの一つです。ですから「わたしはこう思います」と違う意見をいうことはあっても、「あなたの意見は間違っています」とはなりません。

藤平　それも不思議です。会社組織でも「否定しない」というルールや仕組みをつくって話し合いをすることがあります。ところが、よほど訓練しないと、誰かが「それは違うでしょう」と否定から入ったり、そうやって否定する人を誰かが非難して雰囲氣が悪くなったりします。

山藤　ああ、それも授業を通じて決めているルールがあるからでしょう。わたしの授業では**「これは正解のない授業なのです。人生においてたった一つの答えなどないし、教壇にいるわたしもみなさんと同じで、答えは持っていません」**と伝えます。そこから始めているので、最終的な結論は出しません。授業の時間配分も講話は少しで、メインはダイアローグ（結論を出さない対話手法）です。誰が何を発言しても良い。誰の意見が正しかったとか、間違っていたという結論も出しません。

藤平　なるほど、正解や結論があるものをテーマに選んでいないわけですね。だからこそ、他の人の話をよく聴く訓練として成立する。他の人がよく聴くから、そして否定が

山藤先生が自ら担当する「生命の倫理」授業風景。

卒業生を講師に迎えた「医療人特論」でも多くの学生の手が挙がる。

ないから、自分が感じたことをそのまま出せるのですね。
昔から、「話を上手にできるようになるよりも、話をしっかり聴けるようになることが重要」といわれていますが、その意味がよくわかります。

現代の若者が観る黒澤明の『生きる』

藤平　他には、授業でどんなことを大事にされていますか。

山藤　先ほども話に出た「生命の倫理」という授業は一年生の後期におこなうのですが、最初に、余命宣告をされた患者さんと医療従事者の立場での自分との対話のワークをやります。みな無言になってしまったり、笑ってごまかしたりする。そこから「死とは何ですか」「死についてどんな感情を持っていますか」といったテーマに入っていきます。これも正解のないテーマです。
この授業では「死」そのものについて話したり、「生」との対比で「死」を表現したりします。「生きているのに死んでいるような人もいる」という視点が出てくることもあります。そういう意見をみなで出し、聴いていく。

先日の授業では黒澤明監督の『生きる』をみんなで観ました。「主人公の感覚は、自分の感じていることと同じだ」という感想がありましたね。

藤平　昔の映画ですから、今の学生はあまり観る機会のない作品ですね。

山藤　ええ、60年以上前の白黒の作品ですから、全員観たことがないといっていました。彼らの親御さんもそうかもしれません。

藤平　どうして『生きる』を選んだのですか。

山藤　**医療の現場で働くうえで知っているべき規律の部分は、学問として教えられます。でも「なぜ死が怖いのか」といった心の動きを教えるのは非常に難しい。**まず、自分で考え、発言させるのですが、そこで出てくる内容は、上智大学で「死の哲学」という講義をやっておられるアルフォンス・デーケン神父の本に書かれていることとたいてい同じようなものになります。わたしは直接デーケン神父の講演を拝聴したことがあるのですが、その著書では、死にまつわる孤独感や残される人への想い、死に至るプロセスで感情がどう落ち込み、前向きになるのかといったことについても深く考察されています。でも、それをただ読むだけ、知るだけでは足りない。まずは自分たちで考える。さらに、そうした情動的なものへの共感や氣づきについてさらに深く考えてもらうために、この映画を観せることにしたのです。

藤平　学生はどのように受け止めますか。

山藤　多くの学生たちが「あのとき主人公はこう思っていたのでは？」と感じ取って映画を観てくれました。授業後の感想レポートを読むと「告知をされるシーンの医者の態度がひどい」とか、劇中の人物に共感し、自分のことのように受け止めている。いわゆる映画の感想とは違うものが出てきます。

藤平　「おもしろかった」「つまらなかった」という平板な感想にはならないわけですね。

山藤　意見は本当に多彩ですが、みな、なぜあの登場人物はあそこであんなことをしたのか。そういう感情の動きについて考えています。

藤平　鑑賞の仕方を事前に教えているわけではないですよね。

山藤　まったく教えていません。そこまでの1年近い授業での積み重ねがあったうえでの映画鑑賞ですから。

ただ、正直にいいますと、わたしも期待以上で驚いたのです。何しろモノクロで、2時間以上ある古い映画ですからね。初めて観せたときは「授業だから寝るなよ」とはいったものの、実際には無理かもしれないなと思っていました。ところが、全員最後まで起きて観てくれたので「すごいな、自分が昔観たときは途中で寝てしまったよ」といったくらいです（笑）。それ以来、毎年鑑賞するようにしています。

藤平　やはり「感じたことを表現する」「他の人が感じたことを認める」という基礎訓練があるから、結果としてそうなるのでしょうね。そしてそれを実現しているのが、山藤先生や職員、学生がつくる「場」なのでしょう。

入学当初に同じ映画を観せたら、それこそみな寝たでしょうね。

山藤　間違いなくそうですね。

生き生きと学べるのは、感じ取っているとき

藤平　山藤先生は先ほど「感じ取って映画を観てくれました」といわれましたが、**人が本当に生き生きするのは「感じ取っているとき」**だとわたしは思うのです。道場で稽古をしている方々がもっとも生き生きとするのも「ああ！　こういう感覚なのか！」「こういう感覚のときに上手くいくのか！」と感じ取っているときです。それどころか「こういう感覚のときは上手くいかないのですね！」などと、技が上手くできないのに生き生きしていることさえあります（笑）。

山藤　その感じはとてもよくわかります。わたしは**「腑に落ちる」**という表現が好きですが、心身統一合氣道の稽古はその連続です。できても、できなくても、腑に落ちる。なぜできないのか、なぜできたのかがわかる。腑に落ちても、同じことを再現できるかは別問題。でも、そのプロセスを心から楽しんでいます。

藤平　ところが、頭で考え始めると、とたんにどんよりとしてきます。自分で自分に命令している状態で、何も感じ取れなくなるのです。そういう状態に陥ると、人は生き生

きと学ぶことができません。

誤解があるといけませんが、「どうしたらできるか」を考えるのは重要なことです。それとは違い、感じ取るべき瞬間に考えごとをしていると、何も感じ取れないということです。先ほどの映画の例でいえば、映画を観ながら考えごとをしていると何も感じ取れません。映画を観終わった後で深く考えるのは大事なことです。

山藤　よくわかります。映画鑑賞ではメモをとりながら観るように指導しています。これは途中で寝ないようにする工夫でもありますが（笑）、その場面場面で感じたことを書き出すように教えているのです。考えたことではありません。その場面で感じたままのことを忘れないように、メモする。その瞬間に感じたことを大事にし、あとでその感じたことについて考えてもらうためです。人間はどうしても、先に考えてしまう生き物ですが、いちばん大事なことは、いかに感じるかでしょう。それがその人の豊かさであり、その人らしさだと思うのです。

藤平　**「感じ取る」ということがベースにあると、できるときも、できないときも、同じように大事な機会であることがわかります。**そのうえで、どうしたらできるかを考えることができる。しかし、考えながら何かをしているると感じ取ることができないので、結果として考えることも疎かになります。「考える」という教育の土台には「感じ取る」があって、山藤先生の学校の教育は、それを体現しているのではないでしょうか。

山藤　いわれてみて、そういうことなのだと氣づきました。わたしが道場で感じているのと同じように、学生にも、学校で腑に落ちる感覚を持ってもらえるか。教壇に立つ身としては、そこにかかっていると思います。

藤平　ジャーナリストの田原総一朗さんと対談した際にお聞きした話です。昔、宮沢喜一元首相がおもしろいことをおっしゃった。国際会議の場では、日本の政治家の発言がほとんどないそうです。英語ができないからかというと、そうではない。専門の通訳がいるわけですから。問題なのは、日本の教育だというのです。**日本の教育は、小学校・中学校・高校と教師が「正解のある問題」を解かせる教育をしている。**正解のある問題は、予習さえしてくれれば簡単に解けます。ところが、国際会議で議題になるような問題には正解なんてありません。だから、まったく発言できないのだというのです。

欧米の教育、とくに大学では、正解のない問題に取り組ませます。どこにも答えはないわけですから、学生は自分の頭で考えて答えるしかありません。すると、それぞれが違う考えを述べることになり、そこからディスカッションが始まります。ここで重視されているのは、いかに学生の想像力をかき立てるか、いかにディスカッションの能力を鍛えるか、です。つまり「教育」の定義が違うわけですね。

山藤　今に始まったことではないのですね。

藤平　わたしの母校である東京工業大学でも、「自分の頭で考える」という教育を現在、徹底しているようです。しかし、そのためには、まず「感じ取る」「表現する」という山藤先生の学校でおこなっているような基礎訓練が不可欠ではないかとわたしは思います。

山藤　そうですね。専門学校から始めるのでは遅いくらいでしょう。本当は、小学校くらいから始められたら良いですね。

わたしたちが「感じ方がおもしろいね」とほめた18歳、19歳、20歳くらいの学生たちが、いきなり優秀になって社会から認められるわけではありません。それでも30代、40代になったときに豊かな人生を歩んでいる可能性は高いだろうと思っています。むしろ「正解を探す」ことが上手で、教師に評価され続けてきたはずの人たちが、将来キラキラした目を持っていられるかのほうが疑問です。

藤平　「人間性を養う」こと、「心を育てる」こと、いずれも大事だと叫ばれています。「そのためには、どうしたらいいのですか？」と尋ねると、読書をさせるとか、ボランティアに参加させるとか、返ってくるのはおおよそ、そんな答えです。しかし、何をするにしても「感じ取る」ということがなければ、すべて上滑りしてしまいます。

山藤　本当にそうですね。

ちなみに、先ほどの学生の感想レポートですが、内容を否定することは一切しないものの、相談やこちらへの問いかけが書かれていたときは、学生を呼んで「どういうこと？」と話すようにしています。入学当初はそれほどありませんが、氣が通うようになると、こうしたケースが増えていきます。

藤平　医療の現場においても**「相手がどう感じているか」**を感じ取ることは、とても重要ではないでしょうか。同じ検査でも、検査をする人によって氣分良く受けられることも、そうでないこともある。違うのは機械や器具ではなくて、人なのですから。

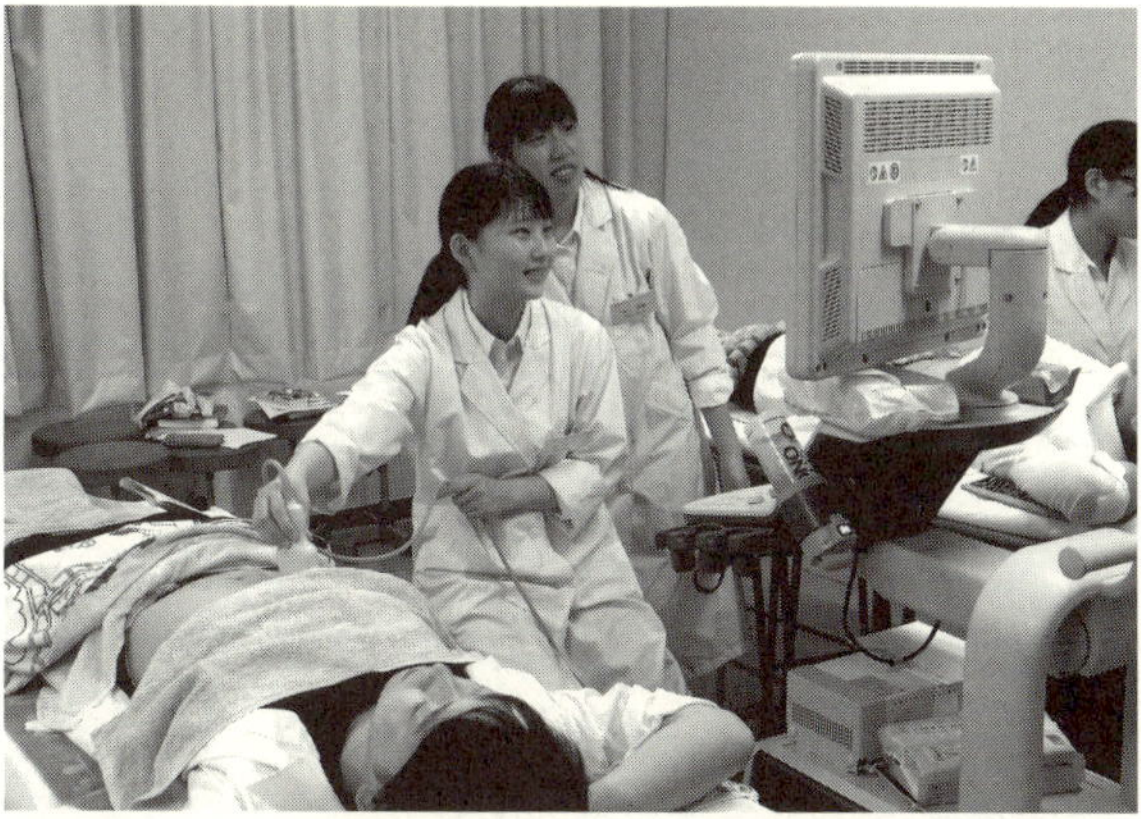

座学だけではなく実習の授業も数多い。超音波検査などを学生同士でおこなうことで患者接遇も学ぶ。

微生物学の実習試験にも真剣に取り組む。

山藤　そのとおりです。採血も心電図の検査も、今は臨床検査技師が担当するようになっています。使う機械、器具、針の太さは変わらないのに、患者さんに与える影響はまったく違います。**「医療人」である以前に「人」であるということです。**

国家試験にただ受かればいいという人はいらない

藤平　本氣の「場」は一朝一夕でできるものではなく、山藤先生をはじめ、職員、そして学生たちによって時間をかけて育まれるものだと思います。そこに毎年、新入生が加わるわけですが、入学志願者には何を求めるのでしょうか。

山藤　良い「場」づくりを続けてきたおかげか、ここ数年は定員の2倍以上の応募があり、入学志願者のレベルは高くなっています。たとえば、評定平均5・0の子が、地方から指定校推薦で応募してくる。この成績なら、おそらくどこの大学に推薦を出しても受かるでしょう。そういう高校生が、うれしいことに「この学校にいきたい」と自分の意志で本校を選んでくれているのです。

藤平　良い「場」は、優秀な学生が集まることにもつながるのですね。

山藤　はい。わたしたちが欲しいのは**「良い学生」**です。ただ**「良い学生とは何か」**を説明するのは簡単ではありません。

藤平　どういうことですか？

山藤　うちの学校がつくる「場」には、わたしたちの本音が表れていると思っています。だからこそ、学生もそれを感じて一生懸命やってくれる。もし、わたしたちが「国家試験に受かりさえすれば、他はどうでも良い」と考えていたら、それが伝わってしまい、そういう「場」になってしまうでしょう。口先だけで「人間教育が大事」ときれいごとをいっても、学生はすべて見透かしているのです。

ですから、高校の評定平均、入学試験の点数だけを判断基準にして入学させるということはしたくない。わたしは、オープンキャンパスの最初に「人を支えるつもりがなく、自分が国家試験に受かればそれで良いという人は、どうぞ他の学校にいってください。

わたしたちは志のある医療人、社会人を送り出したい。そのお手伝いをするのがこの学

校です。志のない人はいりません。来ないでください」という話をします。

藤平　かなり過激なことをいわれますね（笑）。一般的なオープンキャンパスは、もっと聞こえの良いことをいうものでしょう。できるだけ大勢の高校生に「良さそうな学校だな」と思ってもらおうとするのではないですか。

山藤　ええ。取材に来られた教育業者の方にも、びっくりされました（笑）。「山藤先生、オープンキャンパスで否定的なことをいうのは、やり過ぎではありませんか？」というわけです。でも、これはさんざん考えた結果です。「この学校は中途半端な氣持ちで受験したら絶対にダメだ」と学生たちに思ってもらうことが目的なのです。

藤平　つまり、**成績だけではなく、志を持っているかをみる。「成績が良い＝良い学生」ではない、**ということですね。

山藤　はい。国家試験にとても受かりそうもない成績だった子が、３年間で見事合格すると、本人、ご両親はもちろん、まわりの学生も、わたしたち職員も全員が本当にうれしいのです。確実に受かる成績の子ばかりを選んでいたら、この喜びは小さくなってしまうでしょう。だからあえてチャレンジする。カッコイイいい方をしてしまうと、この仕事は**「可能性を見出す仕事」**だと思うのです。

ちなみに、本校の卒業式は、学生一人一人が壇上でスピーチしてから、卒業証書を渡します。毎年、感動の涙で、学生も保護者もみなグシャグシャ（笑）。

とはいえ、そのゴールは先に見えているものではありません。また、いくらわたしたちが「うちは可能性を見出す学校で、文字通りの全員の卒業と合格を目指している」と謳っても、その本氣度を高校生たちが直接知ることはできません。そこでオープンキャンパスに力を入れています。

藤平　見学に来る高校生に、あえて厳しい話をして本氣であることを示すのですね。

山藤　はい。わたしは**「不特定多数を特定多数に変える」**ことを心がけています。特定といえば通常は少数ですが、「特定少数」を相手にしていては、学校経営として成り立ちません。「楽しそうだな」という印象を伝えれば、大勢の学生が来るでしょう。しかし、全員ウェルカムの「不特定多数」を受け入れていたら、こちらの理念が成り立たなくなります。欲しいのは、特定でありながら経営が成り立つ人数、つまり**「特定多数」**なのです。うちでは、その特定多数をつくる仕組みが、オープンキャンパスです。年間を通じておこなっているオープンキャンパスに参加していることが、出願資格になっています。

藤平　試験や高校の成績だけで「特定多数」にはならない。なるほど、ここで「良い学生」の定義が重要になるのですね。

山藤　はい。特定多数の幅を広げるのは、わたしたちにとって毎年のチャレンジです。国家試験に受かりそうな成績優秀者を増やせば経営的には楽ですが、心に寄り添えない頭でっかちな医療人を輩出するだけになってしまう可能性があります。**数字では見えない「人としての可能性」を見出すことにチャレンジしたい。**これがわたしたち職員にとってのおもしろさであり、やりがい、そして誇りにもなっているのです。

うちだったらこの子を合格させられるかもしれない

山藤　もう一つ重視しているのが「面接」です。すべての入学希望者に少なくとも15分の面接を受けてもらいます。質問をするのは3人ですが、全職員が必ず立ち会って、その場で一人一人判定していきます。とりわけポイントとなるのは**「現状は難しそうだけど、うちだったら合格させられるかもしれない」**と感じる子をどうするかです。

藤平　すべての職員に「うちならばこの子を伸ばせる」という判断基準が共有されているのですね。そこが一致していないと「今の子をどう思う？」と聞いても答えられないですよね。

山藤　普段から、徹底的に対話をしているからできているのかもしれません。もともと雑談が本当に多い校風なのですが、朝は職員全員で、始業前に一言ずつ話をする時間をつくったりもしています。また、職員会議は不定期に必要なときにのみおこなうのですが、職員が「校長、今日はたくさん話があるので覚悟してくださいよ！」などといいながら、しょっちゅう遅くまで自主的に語り合っています。みんなが活発に意見を交わすので、わたしはただ聞いているだけです。家が遠い職員から、「終電の時間になったので、校長の話はまた今度」といわれることもしばしばあります（笑）。その会議でいろいろなことが決まり、解決するのですが、それだけでなく、言葉にならない感覚みたいなものも共有されているのかもしれませんね。

藤平　そういう機会も「場」をつくっているのでしょうね。

山藤　面接では「どんな社会人になりたいですか」「インフォームド・コンセントを知っていますか」「昨今の医療情勢についてどう思いますか」といった質問をします。大半の子からはそれなりの答えが返ってくる。ところが、ときどき、一言も答えられない子がいるのです。

そういう子に、わたしは様子をみて「好きなことは何ですか?」と聞きます。「バスケです」「それでは、バスケのおもしろさを教えてください」というと、ものすごく熱く語り出す。その流れで「この学校への入学を希望した思いだけ教えてください」と聞いたら、スラスラと答えてくれた。たぶん本人は「落ちた」と思ったでしょうけど、この子は無事合格しました。職員がわたしに「先生、あれだけ話せれば大丈夫!」といってくれたのです。こんなことが日常的にあります。

藤平　態度の悪い子や言葉づかいの乱暴な子はどうですか。敬語が使えないのと、無礼なのは違いますよね。前者は知らないだけかもしれない。後者はそもそも他者への敬意がない。

山藤　その最低のラインはみていますね。面接の冒頭に「練習してきましたか」とよく聞くのですが「しませんでした」と平氣で答える子はたいてい落とします。**準備をしてきたか否かは意欲と誠意に関わりますから、そこを怠っている子は入れない。**それとは逆に、準備はしてきたけれど緊張などで結果が伴わなかった子には、できるだけ手を差し伸べるようにしているつもりです。

藤平　もし、意欲や誠意がない子がこの学校に入ったとしたら、せっかく育ってきた「場」が変わってしまうかもしれませんね。

山藤　そうでしょうね。学力的な問題だけなら高校時の評定平均が3・0以下、入学試験の数学がたとえ10点でも、国家試験に受からせる自信はあるのです。だから入ってもらいたい。でも、意欲や誠意が感じられなければ入れません。その代わりに、合否がその場でわかるときは、最後にアドバイスをしています。

「この面接だと君は受かりません。なぜなら○○が伝わらなかったから。そこが上手くいったら受かるかもしれない」と説明するのです。「ここを落ちたらどうするの？」と聞くこともあります。「どうしても臨床検査技師になりたいので、もう一度受けます」という子もいます。

藤平 実際に、もう一度来ることはありますか。

山藤 本当に来る子も、そうでない子もいますね。ですから2回受験して入っている子がじつは何人もいます。

藤平 もう一度来る、というのも本氣の表れですね。

山藤 そうです。1回目に落ちた面接でかけられた言葉に正面から向き合う子であれば、大丈夫でしょう。

とはいえ、現実には社会に出れば「社会的評価」というものが付きまといます。「のびのびとして自由で素敵な子」というだけでは生きられませんし、太古の昔のように「狩りが得意」というスキル一つで生き抜ける時代でもありません。現代社会で幸せに生きていくためには、どうしても社会的評価を得ることが必要です。**専門学校としては、国家試験に合格し、社会から評価される資格を持つこと、そしてそんな自分に自信を持たせること、この基本は親御さんからお預かりしている以上は外せません。**

藤平　それは専門学校としてのミッションですね。

山藤　こんなふうに面接にはとくに力を入れているのですが、残念ながら1年で辞めてしまう子もゼロではありません。まわりに追いつけなかったり、まったく向いていなかったりということもあります。そういうときは本人、親御さんと面談して「このままでは合格は難しい」と話します。他の道で成功してもらいたいですし、そういう適性は入学後であってもみていなくてはいけません。

ですから、まだ育て切れてもいませんし、選び切れてもいないというのが現状です。偉そうに語れることは何もありません。もちろんチャレンジは続けます。

藤平　それは、わたしも同じ立場です。

山藤　実際のところ、成績に表れる数字だけでは測れない部分が大きいのです。三年生になると国家試験の模擬試験があります。成績最下位の学生が国家試験に落ちる可能性がもっとも高いように思えますが、実際には、そういう子は合格し、なぜか下から10番目あたりの子が残念な結果になったりする。だから、全員合格を目指すうちの学校においては、卒業のハードルを厳しくして卒業試験の点数で学生を切っても、意味がないのです。

藤平　最近では、先入観を排除するために、学生の名前を番号で処理し、点数だけで卒業判定する学校も多いそうですね。

山藤　客観的で公平な処理をしようとしているのでしょう。でも、わたしには、それが学生にとっても、学校にとっても、ベストなやり方だとは思えません。

数年前、一人だけ卒業試験の点数が足りない学生がいました。詳しくはいえませんが、実習先の病院でショックな出来事があって欠席しがちになり、成績が伸びなくなってしまったのです。「これは落第しかないか」と職員会議をしたのですが、みな事情を知っているので、何だか釈然としない。それで何人かの学生に意見を求めたら「全員合格を達成するために誰かを落第させたくない」と教務課で泣くのですよ。それで、職員一同で**「この子を国家試験に合格させるために我々はできることをやろう。その結果、合格率が100％にならなくてもいいじゃないか」**と心を決めました。

その学生は模擬試験でも合格ラインに届いたことは一度もなかったのですが、国家試験の本番で自己最高の成績を挙げて合格しました。結果、全員合格を達成したのです。

もしこの子を切っていたら、職員も学生たちも後悔したのは間違いありません。

藤平　その子を切っていたら、おそらくそれまで築き上げてきた「場」が悪くなったのでしょうね。そして、それは他の学生にも悪影響を与えただろうと思います。

山藤　わたしもそう思います。後日、その学生はわたしのところに来て「卒業試験の点数はきっと足りてなかったですよね。それなのに卒業させてくれて、合格させてくれて本当にありがとうございます」と泣きながらいってくれました。本人もわかっていたのです。もし数字だけで判断したり、きれいごとでごまかしたりしていたら、この学生が本氣になることはなかったでしょう。本氣の「場」が、この学生を本氣にさせたのだと思います。

藤平　「全員で合格しよう」というスローガンは、馴れ合いと間違えやすく、氣をつけなくてはいけない部分ではないでしょうか。「全員卒業・全員合格」というきれいごとを並べてぬるま湯につかっていたら、結果は絶対に出ません。「全員卒業・全員合格」を山藤先生も、職員も本氣で思っているからこそ、本氣の「場」ができて、その場が学生を本氣にさせている。また、その本氣がさらに良い「場」をつくっていくのですね。

「場づくり」は、「土づくり」

藤平　お聞きしていると、やはり最大のポイントは「場」であり、そして場づくりにあるように思います。

わたしは、「場づくり」とは、「土づくり」だと思うのです。

教育において、早期教育、英才教育、教材、カリキュラムなどを論じるのは、畑を前にして「いつ、何の種をまいて、どんな肥料をやると、どんな収穫があるか」を話しているようなものではないでしょうか。しかし、いちばん重要なのは、土です。土を耕し、肥やすことなく、いきなり種をまいて、直接的な成果を求めるのはあまりにも短絡的だと感じます。土が悪かったら、どれだけ種をまいても、良い実は実らないのですから。

山藤　わかりやすい表現ですね。たしかにそのとおりだと思います。土をつくるのは時間がかかりますから、みなさん結構手を抜きます。

忘れ物の多い学生に、ある職員がしきりに「明日は○○を忘れないでよ」と念を押していた時期があります。それでいっときは忘れ物が減りましたが、これは即効性がある肥料のようなものです。本質的な忘れ癖は直っていない。むしろ、念を押されることで人に頼るようになり「忘れやすい自分」を忘れてしまうことがある。そして、実際に直りませんでした。そこで、わたしは**「何度でも忘れ物をさせて『忘れやすい自分』を自覚するのを待つように」**とその職員に話しました。そうすれば、自分自身の問題として解決できます。

藤平　なるほど。

山藤　この場合、わたしたちが目の前の結果を求めてしまうと、「忘れっぽい」という問題がいつまで経っても学生本人のものになりません。たとえ時間がかかっても「自分はいつも忘れてしまう。なんとかしよう」と本人が氣づき、忘れ物をしないようになるまで何度失敗しても待つことが大切です。

土でいえば土壌改良と同じで、土が良くなれば他の作物も良く育つようになります。つまり、土が良くなれば、忘れ癖だけではなく、他の悪い癖も直る可能性が高くなる。カンフル剤のように即効性の肥料ばかり与えていると、土がどんどん痩せてしまうのと同じです。

目の前の成果ではなく、長いスパンで成果を見られるか。それがすべてではないでしょうか。

藤平　本当にそうですね。他方で、土を良くして種をまいたからといって、必ず実がなるとは限りません。つまり、教育や人材育成においては、自分の思い通りにはならないということです。作物を育んでいるのは大地であって、わたしたちはそれをサポートしているに過ぎない。この原理原則を忘れると「自分が育てている」と傲慢にも陥りますし、「場」という考え方は理解できないと思います。

山藤　うちの学生を見た外部の方から「厳しくスパルタ教育をやれば、今の子でも礼儀正しくあいさつするものですね」なんていわれてしまうのも、そのせいかもしれませんね(笑)。

藤平　強制的にやらせていると思われたのですか。

山藤　そうです。自分から挙手して発言をする、あいさつをするなんて、スパルタで徹底的に厳しく教育しないと、今の若者にはできないと思いこんでいるのでしょう。

藤平　すぐに、メソッドやコンテンツ、カリキュラムに注目してしまうのも同じですね。

それらは教育に必要なものですが、人を良くするのは「場」です。**これからの時代は、「教育＝場づくり」と捉えられるかが問われる**と思います。わたしは講演や研修でいろいろな会社や組織でお話しさせていただく機会があるのですが、日本を代表する企業ほど、人材育成に強烈な危機感を持っています。**売上や規模といった「形のあるもの」だけにフォーカスする人材ではなく、心や氣といった「形のないもの」にもフォーカスできる人材を求めています。**

山藤　そうなのですね。

藤平　強い危機感を持って、いち早く取り組んでおられる組織がある一方で、旧態依然の教育をしている会社や組織も少なくありません。注目している場所が違うのです。わたしが「場」をみているときに、他の人は目に見える直接的成果を見ています。だから、話がほとんどかみ合いません。わたしが「厳しくしないといけない」と感じる部分は素通りして、わたしが「そこまでやらなくてもいい」と感じる部分にこだわっている。

山藤　なるほど、「場」は、みえない人にとっては「存在しない」のと一緒なのですね。

藤平　実際のところ「富士山や台湾に学生を連れていったり、文化祭をしたりして何になるの?」といわれませんか。

山藤　よくいわれます（笑）。「場」というものがみえないから、形のある行事に目がいくのでしょう。**ひとたび良い場ができれば、あとは場が育んでくれる。リーダーの役割は、その場を日々、メンテナンスしていくことです。**手間も時間もかかりますが、それがわたしの役割です。

藤平　「形のあるもの」だけを見るということは、物事の表層だけを見ているのに等しく、そこを真似しても成果は出ません。せっかく山藤先生の学校を視察に来ているのに、「形のあるもの」だけ見て帰っては、あまりにももったいないと思います。

山藤　「これだけ国家試験の合格率を維持するには何か秘密があるはずなのに、あいつは絶対に教えようとしない」といわれることもあります。すべてお見せしているのですが……。

藤平　まだまだお聞きしたいテーマはたくさんあります。ここまで話をしてきて思うのは、やはり山藤先生ご自身は「自分がしていることの意味」を言葉にして理解していない部分もあるのではないかということです（笑）。

山藤　たしかにわたしは、言葉にできないままやっていることが、いっぱいあります（笑）。今日は自分ではわかっていなかった部分を、たくさん言葉にしていただきました。じつは、学生や職員のあいだでは共有できていることを、外に向けて説明するのがすごく難しくて、その伝え方にはずっと悩んでいたのです。

藤平　それは**「みている場所が違う」**ということに尽きると思います。授業の様子を見学しても、見方が違っていたら、その意味は永遠にわかりません。「氣」というものを通じて、「場」という新たなコンセプトを持ってみれば、意味がわかるようになるのではないでしょうか。

山藤　モノクロがカラーになる、平面が立体になるくらい、物事の見方そのものが変わるのかもしれませんね。

第2章

「氣」とは何か

「氣が通う」とは何か

本章では、前章の対談を「氣」の観点から解説したいと思います。

本題に入る前に「氣」について、改めて解説しておきましょう。

氣というと「何だか怪しそう」と感じる方がいるかもしれません。じつは、わたしにもその氣持ちがわかります。理系出身だったわたしは、世の中の怪しいもの全般に拒絶反応があり、なかなか「氣がある」ことを前提として学ぶことができなかったからです。

本書で述べる「氣」は、心身統一合氣道という武道に基づいています。氣は誰もが持っているもので、誰もが活用できるものです。そこには科学で重要とされている普遍性も再現性もあります。とくに、人との関わりにおける「氣」は、物事を深く理解するための「フレームワーク」として非常に優れていますから、まずは、そのように理解していただくのが良いでしょう。

実際、わたし自身が、「氣」をフレームワークとして活用することで、物事をより深く理解できるようになり、また、人をより良く導くこともできるようになった経験を持っています。こういった実践・検証を繰り返し、「氣」というものが人間の持っている力を最大限に引き出すことを確信したのです。そうして、「氣がある」ことを受け入れることができました。

現在では、日本を代表する企業の幹部の育成にも、心身統一合氣道に基づく「氣」の研修が数多く導入されています。ビジネススクールも注目しています。

次にお伝えしたいのは「氣が通《かよ》う」という状態についてです。

この状態を一言で説明するのは難しいのですが、人との関わりにおいては「信頼関係が構築されている」とほぼ同じ意味だと考えていただいて構いません。人と関わり、そこで何かが伝わるには、「氣が通っている」ことが不可欠です。逆に「伝えたい！」という熱意をどれだけ強く持っていたとしても、氣が通っていなければ伝わりません。

物資の運搬を思い浮かべてください。

現在地から目的地まで、舗装された道路が通っていれば、トラックを使って多くの物資を一度に運ぶことができます。もし道路が整備されておらず、けもの道しかなければどうでしょう。人海戦術で、少しずつの物資しか運ぶことはできません。けもの道さえなく、まったく道が通っていなかったらどうでしょう。こちらにどれだけ良い物資が豊富にあったとしても、目的地に送り届けることはできません。つまり、物資を運搬するためには、まず、道路というインフラ整備が不可欠なのです。

「氣が通う」状態は、これと同じです。物資を運ぶための道路が整備されていることだといえるでしょう。

それでは、どうしたら氣が通うのでしょうか。

信頼関係の構築に置き換えると、わかりやすいでしょう。信頼は、特別なことをして得られるものではなく、当たり前のことを当たり前にすることで得られるものです。そうした一つ一つの信頼の積み重ねが、氣を通わせるといえます。具体的には「あいさつをする」「約束を守る」「後始末をする」といった当たり前のことを疎かにする人は信頼を得ることはできません。ましてや、自分の責任を他人に転嫁するような人は、信頼を得られるはずもないでしょう。

わたしが知るある経営者は、知的にたいへん優秀で、話も上手《うま》く、とても社交的に映る方です。あるとき、この方から「一緒に仕事をしませんか」という提案をいただきました。熱意を持って詳細を説明してくださったのですが、わたしの心にはまったく響きませんでした。それは、日頃のちょっとした不信の積み重ねがあったからです。

たとえば、メールです。この方はメールへのレスポンスが悪く、いつも返信に時間がかかり、まったく返信がないこともしばしばありました。最初は「お忙しいのだろう」と察していましたが、わたしの心には、どこか引っかかるものが残っていたのです。

また、面会の約束をしてお会いするときも、約束より5分か10分は遅れて来るのが常でした。わたしは約束の時間前にいくので、実際のところ、その倍の時間は待たされていたのです。

この方は、そういったことを自分の「個性」として捉えているようでした。しかし、当たり前のことを疎かにする姿勢をみて、とてもではありませんが重要な仕事を一緒にしようという「氣」は動きませんでした。その後、お付き合いも自然と疎遠になりました。

しかし、これは他人事ではありません。立場を変えてみれば、わたしたちも氣がつかないうちに同じことをしているかもしれないからです。「氣が通う」という視点がないと、「何を伝えれば良いか」「どう伝えたら良いか」ばかりを考え、自分自身の行動が「氣が通わない」状態をつくり出していることに、まったく氣がつかないのです。

あいさつによって「氣が通う」

広辞苑で「あいさつ」という言葉を調べてみると、「人に会ったり別れたりするとき、儀礼的に取り交わす言葉や動作」とあります。「氣」に基づいたあいさつは、形だけのものではありません。

山藤先生との対談で触れたように、あいさつとは「相手の存在を認める」ことでもあります。だからこそ、あいさつ一つで、氣が通ったり、氣が通わなくなったりするのです。あいさつがないことで不快感や孤独感が生じることがあるのも、「自分の存在が相手に認められていない」と感じるからでしょう。

したがって、重要なのは、自分からあいさつをすることです。

誰かに「こんにちは!」と声をかけられてから「こんにちは!」と返すのは、返事をしているだけだといえます。「あいさつされるまで相手の存在にまったく氣がつかなかった」ということですから、すでに出遅れているのです。

「あいさつとは、相手の存在を認めること」という定義に基づけば、広い意味では、年賀状や暑中見舞い、お中元やお歳暮なども、あいさつの一種だと考えられます。

インターネットが普及し、日本では年賀状を出す習慣が急速に失われつつありますが、年賀状は年初にあたって、「あなたの存在を忘れていません」「あなたとのつながりを大事にしています」ということを相手に伝える大切なあいさつです。ですから、年賀状一枚で氣が通ったり、氣が通わなくなったりします。

もし、年賀状を「形だけでしている」あるいは「自分のためにしている」のであれば、年末の忙しい時期にわざわざ費用や手間をかけて準備する氣にはならないでしょう。しかし、年賀状だけでも氣が通うということを理解していれば、少々たいへんでも送ろうという氣になるのではないでしょうか。

もちろん相手との関係によっては、印刷で済ませたり、メールやメッセージにすることもあるでしょう。重要なのは「相手がどう捉えるか」です。相手が「年賀状が良い」「手書きが良い」と感じる人であれば、手書きの年賀状を送るのが、もっとも氣が通う方法です。ちなみに、わたしは準備する年賀状の数がとても多いため、印刷したものに自筆で一言を添えるようにしています。

わたしは大学の一般教養の授業で心身統一合氣道を指導しているのですが、十数年前におもしろい学生に出会ったことがあります。大学を卒業し、第一志望の会社に入った彼から、ある日、直筆の手紙が届いたのです。そこには、わたしの授業で学んだことが自分にとっていかに大事なものであったか、社会人としてどのように活用しているかが書かれていました。

その後も彼からは年賀状に加え、結婚したときやお子さんができたときなど、人生の節目には直筆の手紙が届くようになりました。家族の写真が同封されていたこともあります。その都度、わたしも返信をしていましたから、やり取りはもう10年以上になるでしょう。そんな彼が、あるとき、あいさつにやって来たのです。

彼は会社から独立し、起業すると話してくれました。そのお祝いの会で、わたしに講演をして欲しいというのです。

わたしはもちろん、喜んで引き受けました。

たしかに、大学卒業後、彼とは一度も会っていませんでした。しかし、わたしは手紙を通じて、彼自身のことや家族のこと、会社を立ち上げる志についてもすでに知っていました。そして、たしかなつながりのようなものを感じていたのです。これがもし、卒業してからまったくやり取りがなく、自分が必要なときにだけ連絡を取る人であったなら、間違いなくお断りしていたことでしょう。

彼は、手紙を通じて「氣が通う」ことを大事にしていたのです。「縁」を大事にする、といっても良いでしょう。その大切さを頭で理解している人は大勢いるでしょうが、実践している人はわずかです。お祝いの会に出てみると、各分野で活躍する方々が、みな、彼のことを応援していました。おそらく、彼はどの人に対しても、わたしと同じように接してきたのだと思います。尋ねてみると、彼のご両親が手紙を書く習慣を持っておられたようです。彼にとって、直筆の手紙をしたためることは、ごく自然な行動だったのかもしれません。

しかし、たとえそうだとしても、実行することは簡単ではありません。もし「将来、世話になりたいから手紙を書く」というあざとさから生まれた行動であったら、これだけの年月続けることはできないでしょう。それに、そうしたあざとさは氣によって相手に伝わってしまいます。

彼が本氣で手紙を書き続けたからこそ、わたしは彼の本氣に応えたくなったのです。

「氣」をみる習慣をつける

では、どうすれば氣が通っている状態がわかるのでしょう。
それがわからなければ、画に描いた餅になってしまいます。

氣が通っているか、氣が通っていないかを、みわける第一歩は、「氣をみる」習慣をつけることです。

わたしたちは通常「形のあるもの」にばかりフォーカスする生活をしています。そのため、氣のような「形のないもの」は、みおとしがちです。形のある「身体」を見ていても、形のない「心」はみていません。

その一例が、対談のなかでも触れた「わかりましたか?」「わかりました」というデモンストレーションです。

言葉や声の大きさ、態度といった「形のあるもの」だけを見ているうちは、相手の状態を正しく理解することはできません。相手が「本当にわかっているのか」を知るためには、氣のように「形のないもの」をみる必要があるのです。そうすることで、相手の状態を正しく理解することができます。

心から理解しているときの「わかりました」では、相手はそういう氣を発しています。反対に、よく理解できていないときの「わかりました」は、よく理解できていないという氣を発しているものです。それは表情や態度といった個別の要素でわかるのではなく、全体をみてはじめてわかるものなのです。

相手が発している氣を感じ取ることができるのは、心が静まっているときです。心が乱れているときは、ほとんど感じ取ることができません。感情的になったり、緊張したり、自己中心的になったりしているときはとくに感じ取りにくくなります。

したがって、相手が発する氣をみるには、まずは自分自身の状態を整えることが基本です。

もう少し具体的に解説するため、人と接するときに生まれる「形のないもの」をあえて言葉で表現してみましょう。良い状態よりも悪い状態に着目するほうがわかりやすいので、悪い状態（＝氣が通っていない状態）を分類し、基本的な対処法も紹介します。氣をみる際の参考にしてください。

見えない壁がある

相手と直に接していると、相手と自分のあいだに「見えない壁」を感じることがあります。

形のうえでの会話は成立しているものの「どこか伝わっていない」という感じがあるときです。具体的には、相手がこちらの顔をしっかり見ていない、というケースがこれにあたるでしょう。相手が誤解をしているか、こちらに疑いを抱いているときに多く起こります。

わたしの場合でいいますと、若手指導者と接しているとき、まれにこの「見えない壁」を感じることがあります。彼らが反抗的な態度をとるわけではなく、こちらの話も普通に聞いてはいるのです。しかし、壁一枚隔てた向こう側にいる人に伝えているような、もどかしい感覚になります。

こういうときは、その状態を放置してはいけません。わたしは必ず対話の時間を設けるようにしています。すると、原因となっている「何か」が見つかります。その「何か」が解消された瞬間、この感覚はなくなります。

距離を感じる

相手と直に接しているにもかかわらず、「距離を感じる」ことがあります。

相手の姿は見えているものの、少し遠くに感じる。たとえるならば、手の届かない距離から握手を求めているような感覚です。お互いの信頼関係がまだ十分に構築できていないときに感じることが多く、自分のことを知らない初対面の人とはこの状態にあります。そのままやり取りをしても、伝わる状態にありませんから、まずは信頼関係を一つずつ積み重ねる必要があります。一定の信頼関係が構築されれば、この感じはなくなります。

わたしの場合、企業研修などで初めて会う方々と接するときに、こうした感覚を持つことがよくあります。会員向けの講習会や講演会とは違い、企業研修の受講者は会社からの命令で参加していることが多く、わたしの話に関心があるとは限らないからです。受講者が「この人のいうことは本当らしい」「この人の伝えることには価値があるかもしれない」と感じると、適切な距離まで近づき、伝わるようになります。

距離が近すぎる

相手と直に接しているときに、先ほどとは逆に「距離が近すぎる」と感じることがあります。

断りもなく、こちらの間合いに踏み込まれている感じです。具体的には、物理的に近づきすぎる、プライベートなことやデリケートなことをズケズケ聞いてくる、などのケースがこれにあたります。

この状態になるのは、相手が適切な距離感を持っていないか、強い依存傾向があるときがそうです。相手に改善を求めることは難しいので、こちらが用心して適切な距離を保って接するしかありません。

わたしは、これで苦い経験をしたことがあります。ある時期、頻繁に相談に来る人がいました。若くて未熟だったわたしは、誠心誠意、相談にお応えしていたのです。すると、相手の態度が少しずつ変化し、傍若無人になっていきました。特別な対応を続けるうちに、相手に「自分は特別な存在だ」と勘違いをさせ、距離が近くなりすぎていたのです。そのことに氣づき、適切な距離を保つようにすると、また元に戻っていきました。

つながっていない

相手と直に接していると、「つながっていない」と感じることがあります。少し遠く感じるというレベルではなく、相手の姿が見えないほどの距離を感じるときです。この状態に至るまでには、ある程度の期間が必要です。つまり、氣が通っていないことに長期間氣がつかなかったために生じている状態だといえます。この段階になっている相手は、多くの場合、自分の元を去る準備をすでに始めているので、対処は困難です。手遅れになる前に、こうした状態に陥らないようにするしか方法はありません。

わたしは、これにも苦い経験があります。わたしが会長を務める心身統一合氣道会に優秀な若手指導者がいました。彼の直属の先生がかなり強権的であったようで、道場内で改善を提案しても、まったく取り合わなかったようです。今よりも未熟だったわたしはそれに氣がつきませんでした。あるとき、この指導者と話をしていて「つながっていない」という感覚を覚えました。その場で詳しく話を聞いてはみましたが、その時点で彼はすでに指導者を辞めることを決めていました。個人の事情で辞めるのは仕方のないことですが、こういう理由で優秀な人材を失ったのはたいへん悔やまれました。

滞っている

相手と直に接していると、「滞っている」と感じるときがあります。

相手の視野が著しく狭くなり、周囲のことが見えなくなっている状態です。これは、その人が自分自身のことにしか関心が向いていないときに生じます。自分の能力に疑いを抱いているとき、思い詰めているときなどです。この状態では何をしても上手くいかないので、まずは滞りを解消しなければいけません。

わたしは人材登用をする際に、この感覚を大事にしています。わたしの組織では、各指導者の適性をみて、さまざまな役割に登用します。本人にその提案をするときに「滞っている」と感じる場合、そのまま登用を進めることは絶対にしません。滞っている原因を解消してから登用するか、あるいは、滞っていない人を登用するか、のいずれかを選択します。

相手としっかりと向き合って対話をすると、滞っている原因を明らかにすることができます。その原因は、自己評価の低さだったり、家庭内の軋轢《あつれき》であったり、健康上の不安だったりさまざまです。わたしが関われる場合は、寄り添って一緒に解決しますが、そうでない場合は本人が乗り越えるのを見守るようにしています。

フィルターがある

相手と直に接していると、「フィルターがある」と感じることがあります。

こちらのことをまっすぐ受け取っていないような感覚です。相手は、すでに自分の価値観や経験値でいっぱいになっており、新しいものが入る余地がありません。これはその人の生き方に直結しているものであり、先ほどの「滞り」のような一時的なものではありません。この状態で、正しく伝わるのはとても難しいといわざるを得ません。つまり「伝わらない」という前提で接していくしかありません。

自分のなかにフィルターを持たないようにするためには、社会に出る前の訓練が重要です。山藤先生の学校の学生さんは人をまっすぐ見ます。これは職員に対する基本的な信頼によるもので、「感じる」→「表現する」→「聴く」という基礎訓練によって培われています。

世の中では「素直」であることと「従順」であることが混同されがちですが、このまっすぐ見ることこそが「素直」なのです。

これらは、いずれも「氣が通っていない」状態の一例です。

この反対を考えれば「氣が通っている」状態が浮かび上がってくるのではないかと思います。

繰り返しとなりますが、言葉や態度といった「形のあるもの」ではなく、その人が発している氣という「形のないもの」をみてはじめて、相手の状態を正しく理解することができるのです。

「伝える」と「伝わる」の違い

「伝える」という言葉は一方通行のイメージが強いので、わたしは「伝わる」という言葉をよく用います。一字違いですが、意味するところは正反対です。

「どう伝えるか」を考えているときは、主として自分の視点で物事をみています。伝え方は無数にあるので、どのように伝えたらいいかわからなくなります。

相手の視点で物事をみています。相手の発する氣をよくみて、相手の状態を理解していれば、どのように伝えたらいいかは自ずと決まってきます。

もし、相手との信頼関係が十分にできていなければ、「どう伝えるか」ではなく、「どうしたら信頼関係ができるか」を考えることです。あるいは、すでに信頼関係がある他の人から伝えることも考えるといいでしょう。

もし、相手が話を聞く状態にないのであれば、「どう伝えるか」を考えても意味がありません。話を聞く状態にあるときに、機会を改めて伝えることです。あるいは、話を聞けなくなっている原因を一緒に解決することもできます。

つまり「伝える」ではなく「伝わる」という視点でみれば、どう伝えるか、どのタイミングで伝えるか、誰から伝えるか、は自ずとわかります。「伝わる」ではなく「伝える」という視点しかないと、「こんなに一生懸命に伝えているのになぜ伝わらないのか」というディスコミュニケーションが生じるのです。

伝える手段もまた重要です。

相手の発している氣をみるには、直接会って伝えるのがいちばんです。これは今も昔も変わりません。電話だと、会うのと比較して発している氣をみるのが難しくなり、これがメールになるとほとんどわからなくなります。

学生のグループに指導しているとき、グループ内でディスコミュニケーションがありました。

わたしはよく話し合うように勧め、後日、グループのリーダーから「学生間で話し合いをしました」という報告がありました。しかし、実際には集まって話し合った形跡がありません。疑問に思ってリーダーに確認したところ「SNSで話し合いました」とのこと。時代の変化は認識しているつもりでしたが、これには衝撃を受けました。

ディスコミュニケーションを解決するには、その人が発する氣をみることが不可欠です。SNSで良いのか、電話が良いのか、あるいは会って話をしなければいけないのか、自ずとわかるはずなのですが……。

わたしは組織の長を務めています。本書の「はじめに」でも触れたとおり、全国には数多くの指導者がいます。わたしたちは、同じ志を持って、同じ道を歩むことに意味があります。しかし、実際のところ、これだけの人数が同じ方向を向くのは並大抵のことではありません。リーダーとしてのわたしの役割が常に問われています。

わたしは34歳で道を継承したため、指導者の半数はわたしよりも年長者です。そんなみなさんに、立場上、ときには苦言を呈さなければいけないこともあります。それがいかにたいへんなことか、経験者の方であればおわかりのことと思います。

実力社会、かつ、師匠と弟子、先輩と後輩という縦の関係の組織は、先代の息子というだけで通用するほど甘いものではありません。

実力と指導技能を磨くのは当然のこと、わたしは、どうしたらそれぞれの指導者と氣が通うかを真剣に考えてきました。「この人のいうことならば」と思っていただけるように、当たり前のことを当たり前におこなう。日頃からフットワークはできる限り軽く、こまめに連絡を取る。トラブルが生じた場合は、手間を省かず一緒に解決する。そうやって信頼関係を一つずつ築いていくしか方法はありません。未熟であったわたしは、ときにやるべきことを失念して迷惑をかけることもありましたが、それでも心からお詫びをして、同じことを二度と繰り返さないようにしてきました。

信頼関係が一つずつ築かれるにつれて、組織の長として就任した当時よりも「伝わる」ようになってきた実感があります。もともと同じ志を持って集まっている人たちなのですから、快く協力しあえるのがあるべき姿であり、それには氣が通っていることが不可欠なのです。

信頼関係を築くには時間がかかりますが、失うのは一瞬です。思い上がることがないように、日々、わたしは「氣が通う」という基本に立ち返っています。

「心を向ける」とは？

心と身体は本来一つのものです。したがって、一つに使うのが当たり前です。しかし、日常生活では心と身体を別々に使っている瞬間があります。

たとえば「やりたくないな」と思いながら何かをする。

このとき、わたしたちは心を目標に向けず、身体だけを使っています。この状態を「心身分離」といいます。心身分離だと、能率は悪く、疲れやすく、何より楽しくありません。他方で、自分のしたいことをしているときは、心を目標に向けて身体を使っています。これを「心身一如」といいます。心身一如だと、能率は良く、疲れにくく、何より楽しいものです。

日々の生活のなかで、わたしたちは心身一如と心身分離を繰り返しています。

家の鍵をちゃんと閉めて出かけてきたか自信がない。これも心身分離の一例です。鍵を閉めるときは心を鍵に向けるのが自然ですが、慌てていると心はすでに先の予定に向いています。心をしっかり目標に向けず、身体を使った結果、記憶に残らないのです。

人の話を聴いている最中に考えごとをしてしまい、話の内容が頭に入らなくなるのも心身分離です。

話を聴くときは、話をする人に心を向けるのが自然ですが、心が考えごとにとらわれてしまうことで、話の内容を理解できなくなるのです。

スマートフォンの画面を見ながら歩く「歩きスマホ」も心身分離です。歩いているときは、歩くことに専念するのが本来ですが、心はスマートフォンに奪われて歩いています。その結果、人とぶつかったり、自分に迫る危険にもまったく氣がつかなかったりするのです。

こうして考えれば、日常生活における「あいさつ」も「握手」も「返事」も、心身一如と心身分離の両方があることがわかります。

心身一如の観点からいうと、「心を向ける」ということは「身体を向ける」ことでもあります。

山藤先生は対談のなかで、教室内の学生全員が顔と視線を自分に向けるまでは話を始めないといわれました。これは心と身体が一致してはじめて「心を向ける」ことになることを意味しています。顔や視線が下に向いたままでは「心を向けた」ことにならないと、山藤先生は学生たちに教えているのです。

じつは「勉強ができない」といわれているお子さんの多くは、理解力がないのではなく、心身分離で話を聞いていることが原因です。心身統一合氣道の稽古で「心を向ける」という訓練をして、勉強ができるようになったという例は枚挙にいとまがありません。

食事をするときも、食事に心を向けるのが自然です。せっかく家族で食事に出かけているのに、食事中もお子さんがゲーム機で遊んでいるという様子を見かけることがあります。親御さんからすれば、ゲームをしてもらっているほうが、手間がかからなくて良いのかもしれませんが、心身分離の悪い習慣が身についてしまうのではないでしょうか。心身分離の習慣が、勉強するときの姿勢、もっといえば物事に取り組む姿勢につながっていることを、お子さんをお持ちの親御さんにはぜひ知っていただきたいと思います。


言葉にも心身一如と心身分離があります。

心ではそう思っていない言葉が口から出てしまうのは心身分離です。営業職や接客業の方には「社会生活においては仕方がないのでは?」と反論されるかもしれませんが、それでも、心身分離の悪い習慣が身につくのは間違いありません。

心身分離の言葉の恐ろしいところは、何度も繰り返しているうちに「伝わらない言葉」

になってしまうところです。感謝を伝えるときも、お詫びを伝えるときも、言葉に重みがなく嘘っぽく聞こえてしまいます。これはとても恐ろしいことです。指導する立場にある先生がもしそうなったら、生徒はもう聞く耳を持たないでしょう。

対談のなかで、閉店間際の店に入ったときの「いらっしゃいませ」の話がありました。言葉をかけるのであれば、心から歓迎したうえで「いらっしゃいませ」と声をかけることが大切です。プロ意識を発揮するのであれば、なおさら、心で思っていないことを言葉にしてはいけません。心からそう思って言葉にすることです。心も身体もお客様に向けてはじめて「心を向ける」ことになるのです。

企業研修でも、第一にお伝えしているのは「心を向ける」ことです。あいさつやメッセージの伝達など、さまざまな動作で、心身一如と心身分離の違いを感じ取っていただいています。あまりの印象の違いに、日頃、自分がいかに損しているかに氣がついて、受講者のみなさんは頭を抱えます。

距離感を磨く

少し武道の話をしたいと思います。

武道においては、自分の身を守るために最低限必要な距離があり、これを「間合い」といいます。間合いの内側から攻撃されれば、どれほど達人であっても、「確実に身を守る」ことはできません。

間合いは「何メートル」「何センチ」と測れるものではありません。氣が通っていれば、相手との関わり、周囲との関わりから適切な距離を感じ取ることができます。頭で考えていると、かえってわからなくなってしまいます。

初心者には基準があるほうが理解しやすいので、心身統一合氣道では、次の三つの条件を満たす最低限の距離を「間合い」と定義しています。この距離は、身長差や体格差、武器の有無、文化や習慣、生活環境などによって変わります。

2人が向かい合っているのを前提とします。

●一歩踏み出さなければお互いに届かない距離
●相手の顔を見ているとき、相手の全身が視界に入る距離
●心が静まる距離

「一歩踏み出さないと届かない距離」とは、その場で手や足を伸ばしてもお互いに届かない距離ということです。相手が一歩踏み出すのであれば、こちらもその間に一歩下がることができます。

「相手の全身が視界に入る距離」では、氣が動いた瞬間に対応することができます。相手と近すぎると、相手の身体の一部が視界から外れてしまいます。

「心が静まる距離」というのは、自分の身を守れる距離ということです。自分の身を守れない距離に相手がいると、わたしたちは本能的にわかります。心が静まらないときは、適切な距離を取れていない証拠です。

実際に、これら三つの条件を満たす距離を確認してみると「間合い」がわかります。

間合いがわかると、「間合いの内側」「間合いの外側」という感覚が生まれます。

こういった感覚を「距離感」といいます。

たとえば、握手するときの距離は間合いの外側でしょうか。それとも、間合いの内側でしょうか。内側ですね。

つまり、見知らぬ相手にいきなり握手を求めるのは、「無断で相手の間合いを破る」ことを意味します。相手は驚き、戸惑うか、不快に感じることでしょう。だから無礼とされているのです。

ですから、初めて会う人に握手を求める場合は、間合いの外側で相手の了解を取り、それから間合いの内側に入る必要があります。相手の了解を取るためには、自己紹介をしたり、敵意がないことを示したり、武器を持っていないことを示したり、相手にとって危険な存在ではないことを示すことが必要です。これは文化によっても異なり、たとえば、ハグの習慣がある国では、握手の距離よりもさらに相手に近づくので注意が必要です。

いい換えれば、握手やハグは相手を自分の間合いの内側に入れる行為であり、だからこそ、相手との信頼関係を表すのでしょう。

昨今、距離感のない人が増えています。

原因の一つに、子ども時代に人と接する機会が少なくなっていることがあります。とくに、いつも一人で、あまり外で遊ばないお子さんは適切な距離をつかめないようです。距離感がないと、信頼関係が十分にできていないのに必要以上に近づいたり、近づいてはいけないときに近づいたり、あるいは近づくべきときに近づけなかったりします。

とくに人に接する仕事においては、距離感がないとさまざまな問題が生じます。距離感がない人に尋ねてみると「どうしたら良いかわからない」という答えが返ってきます。これは「どのくらいの距離を取ったら良いか」を、自分の視点で考えているために起ることです。適切な距離は自分だけで決まるのではなく、相手や周囲との関わりによって決まります。したがって、氣が通っていないと適切な距離がわからないのです。

教育に話を戻せば、「氣が通う」訓練をすることで、人を導くうえで必要な距離感は少しずつ身についていきます。近年、学校の先生たちを対象とした研修で、距離感について指導して欲しいという要望が増えてきました。距離感は、コミュニケーションの基本の一つであり、生徒との信頼関係の構築に不可欠です。また、先生方が自分の身を守るうえでも、間合いを学ぶことは重要だと思います。

教育における距離感

教育をする側が「どこまで踏み込んで良いか」も、教育を受ける側との関わりによって決まります。

距離が近ければ、立ち入ったことまで関わることが許されるでしょう。しかし距離が遠ければ、当たり障りのない範囲でしか関わることができません。

人との関わりにおいて、通常、もっとも距離が近いのは、家庭内における親子の距離です。親と子という関係だからこそ許される関わり方があり、どれだけ子どもにうるさがられても、親には伝えなければいけないことがあります。

学校における距離は、この家庭の距離より遠いものであるはずです。

先生と生徒という関係は、親と子の関係とは異なります。学校の主な役割は、学習の場を提供し、子どもの社会性を養うことです。自立の基礎となる「しつけ」は、本来は家庭でおこなうべきものです。家庭で教えるべきことを学校に求めることには無理があります。もし、学校の先生がそれをすれば、プライバシーの侵害になってしまうでしょう。

会社にも教育をする側面がありますが、その距離は、家庭や学校よりもさらに遠いものです。

会社においては、基本的に業務の範囲でしか人と関わることはできません。家庭や学校で教育すべきことを会社に求めるのは明らかに無理があります。もし、会社がそれをすれば、ハラスメントと受け取られてしまうでしょう。

このように、家庭、学校、会社、それぞれの距離だからできる教育があります。

山藤先生の学校では、職員と学生という関係における「もっとも近い距離」を模索しているようにわたしにはみえます。

師弟関係という特別な関わりもあります。師匠と弟子の関係は、先生と生徒の関係とは異なったものです。師匠は「この人であればすべてを伝えたい」と弟子を選び、弟子も「この人であればすべてを学びたい」と師匠を選びます。そこに損得はなく、ある面においては、親子関係より近い距離にあります。そういう近い距離だからこそ、関われること、伝わることがあるのです。だからこそ、良い師匠に巡り会えるのは最高の幸せとされています。

ここ最近、師弟関係について取材を受けることが多くなりました。日本では、さまざまな分野で高度な技能を継承する者がいない「後継者問題」が大きな問題となり、長い歴史で培ったものが失われつつあります。師匠と弟子という関係でなければ伝わらないものがあるとわかったために、師弟関係が注目されているようです。時代は変わっても志を持つ若者は必ずいますから、これから改善されていくことを願っています。

わたしたちはどうかといえば、心身統一合氣道には内弟子制度（師匠とともに生活し、学ぶ仕組み）というものがありました。わたし自身も先代の元で内弟子修行をした一人です。一人の内弟子を世の中に通じるまで育てるのには、膨大な時間と労力がかかります。なぜなら、形のあるものは比較的短い時間で習得できますが、「氣」や「心」といった形のないものを身につけるには非常に時間がかかるからです。

当時の内弟子制度にも良い点はありましたが、基本的には師匠と弟子という「線」の関係で育てるものであり、一度に数人しか育成することはできません。また、ときには近すぎる距離が弟子の成長にとってマイナスになる場合もあります。わたしは内弟子制度に限界を感じ、現在では、内弟子制度の代わりに、組織全体を育成の「場」として捉え、師匠と弟子という関係を残しながらも、人が育つ「場づくり」をしています。

教育における距離で、もう一つ触れておきたいのが「注意する」という指導です。

昨今、お子さんに注意できない親御さんが増えています。学生や生徒に注意できない先生も増えています。部下に注意できない上司も増えています。

原因の一つは「嫌われたくない」という思いが根底にあるからでしょう。しかし、教育すべき立場にある者が、相手にとって聞こえの良いことしか伝えないのであれば、それは教育の放棄といっても過言ではありません。

もう一つの原因は、距離感を持っていないことにあります。自分がどこまで関わって良いかがわからず、結果的に何もしないというケースです。こういう人も多くいます。

今の日本では、家庭、学校、会社での教育の役割分担が明確ではありません。ここが不明瞭なままでは、いずれも責任を果たせないのではないでしょうか。まずは、それぞれの役割を明確にし、その距離においてできる教育を全うすること、そして、それぞれの教育に責任を持つことが重要だとわたしは考えています。

「場」をつくる

対談で何度も登場した「場」というコンセプトについても改めて触れておきましょう。

場とは、作物を育てるところの「土」にあたるものです。

痩せた土に種をまいても良い作物はできません。まずは土づくりが重要です。場は人を育てるベースとなるものです。

場は、そこにいるすべての人間で構成されます。

学校でいえば、先生と生徒という「線」の関係ではありません。教室にいる一人一人が場に影響を与えていると同時に、場が一人一人に影響を与えています。つまり、場という「空間」を通じ、相互に影響を与え合っている構図です。

場には、良い場と悪い場があります。

良い場は人を良くしていきます。本書では、その実例として昭和医療技術専門学校という良い場を紹介しています。悪い場の例は数多くあり、紹介するまでもありません。日本を代表するような大企業が組織ぐるみで不正をはたらいたというニュースが報じられることがありますが、それは、その組織がそういう場になっているからです。

場から人が受ける影響は極めて大きいものです。高い志を抱いて入社したはずの人物が、いつの間にか不正に加担していたという例も少なくありません。場が人をそう育てているのです。

自然を相手とする農家の方々は、自分たちが直接作物を良くしているわけではないことを知っています。まずは良い土をつくること。そして、愛情をかけて良い環境を整えることで、作物は良くなります。しかし、台風や大雨で、積み上げた努力が水泡に帰することもあります。自然を相手にする仕事である以上、「絶対」ということはあり得ません。

教育も同じです。わたしたちは教育対象を直接良くすることはできません。良い場をつくり、愛情をかけて良い環境を整えることで彼らは成長していきます。そして、どれだけ良い教育をしたとしても、育てるうえで「絶対」ということはあり得ないのも同じです。それであっても、良い場が人を育てるのは間違いありません。だから、努力を続けるのです。

教育という仕事も、自然を相手とした仕事と同じなのではないでしょうか。ですから「人が人を良くする」という考えは、一種の思い上がりだとわたしは思うのです。

道場とは、「道」を求め修行する「場」を指す言葉といえます。

したがって、本来は場づくりがもっとも重要なはずです。しかしながら、武道における師匠と弟子、先輩と後輩という「縦の関係」は、ともすると、下の者は上の者に対して「何一つものをいえない」場を生み、同時に、上の者は下の者に対して「何をしても構わない」という勘違いを生じさせることがあります。これが最悪な形で表れたのが、さまざまな形で噴出している昨今の暴力問題やハラスメント問題などの不祥事でしょう。わたしたちも、対岸の火事と捉えてはいません。

他方で、友だちのようなフランクな関係をつくれば良いかというと、そんなことはありません。師匠や先輩には敬意をもって接し、弟子や後輩には誠意をもって接する。そういう礼節ある場だからこそ、身につくものがたしかにあるのです。

山藤先生の学校がそうであるように、場は一朝一夕でできるものではありません。

わたし自身も、日々、場づくりに取り組んでいます。リーダーであるわたしが発している氣が、その場に影響を与えます。そして、場が一人一人に影響を与え、その一人一人がまた場に影響を与えます。ひとたび良い場ができると、場が人を育ててくれます。わたしの役割は、場を整えていくことにあります。場というコンセプトがなく、わたし自身が個別に一人一人を良くしようとしているうちは人は育たないのです。

「空氣」という言葉があります。雰囲氣のような意味で用いられ、場と混同されることも多いのですが、場が空氣をつくります。この意味においては、空氣も「氣」の一つであり、場と人は、氣を通じて相互に影響を与えているという関係になると考えればいいでしょう。

ちなみに、物理学には「重力場」という概念があります。重力場は重力が作用する空間を指す言葉です。場には形がありませんが、わたしたちは日常のさまざまな場面で重力のはたらきを感じています。

ここまで述べてきた「場」も、重力場と同様に、「氣が作用する空間」と捉えるとわかりやすいかもしれません。場には形がありませんが、わたしたちは日常のさまざまな場面で氣のはたらきを感じています。

本書の対談は、良い場づくりをしている現場をみたいと思い、昭和医療技術専門学校を訪問し、学生のみなさんと直に接したことがきっかけです。そのやり取りの冒頭で、山藤先生の口から「場」という共通の言葉が出てきたときは、とても驚きました。

昭和医療技術専門学校では、校長の山藤先生をはじめ、職員、学生が一体となって場づくりに参画しています。わたしがみるに、その土台をつくっているのは、間違いなく校長である山藤先生です。

山藤先生には「本氣の場をつくりたい」という明確な目的があります。それを実現するためには、ご自身が本氣の人でなければいけません。山藤先生は印象も態度も非常に柔らかい方ですが、お付き合いをしていて何度も「この人は本氣だな」と心から感じる場面がありました。毎日、接している学生さんは、おそらくわたし以上にその本氣を感じていることと思います。その本氣が、「本氣の場」をつくり、学生に影響を与えているのでしょう。

またこの学校では、場づくりのためにさまざまな課外活動をおこなっています。山藤先生や職員のみなさんが本氣で課外活動に取り組むことで、学生の本氣を引き出しているようにわたしにはみえました。課外活動をたくさんすれば、みんなが本氣になるわけではありません。課外活動という「形のあるもの」だけを真似ても、同じ場は得られません。

さらに山藤先生は、本氣の場のうえに「全員卒業・全員合格」という目標を置いています。だからこそ、全員が本氣でそう信じて力を発揮できるのでしょう。本氣の場がなければ、同じ目標を置いても、上滑りしてしまうに違いありません。

ただし、理想の場は、一つではありません。目的やそこにいる人たちに応じて、それぞれ異なる理想の場があることでしょう。場づくりには正解がありません。厳しく凛《りん》とした場もあれば、和やかで活氣のある場もあります。それぞれの家庭、それぞれの学校、それぞれの会社、それぞれの組織で、目的に合った場づくりがあるはずです。

これから場づくりに取り組む場合は、まずは「自分たちが求めるのはどのような場なのか」を明らかにすることが大切です。

組織のリーダーとしてわたしが目指すのは、「本氣の場」であり、「氣が通う場」です。

「氣」と「心」

さて、対談の後半に進む前に、氣についてもう少し補足したいと思います。「氣」と「心」の違い、「氣」と「心」の関係について解説します。

改めて「氣」とはいったい何でしょうか。

海のなかで、水を両手で囲う様子を思い浮かべてください。自分の手で囲っているのですから、それは「わたしの水」といってもいいかもしれません。しかし、ここは海のなかですから、その水はもともとは「海の水」です。そして「手の内側の水」と「手の外側の水」が常に行き来していれば、手で囲った水が悪くなることはありません。その行き来が滞ると、手の内側の水はやがて淀んでしまうでしょう。

氣は、この「水」と同じです。

自分という存在は大自然の氣を囲っているに過ぎません。氣は常に行き来していて、その行き来が活発な状態を「氣が通う」といいます。その行き来が上手くいかない状態を「氣が滞る」といいます。人間は生きているあいだ、氣が通っているのが本来なのです。

氣には、大事な性質があります。

氣は出すことによって、新たな氣が入ってきます。その結果、行き来が活発になります。したがって、氣を出すことによって「氣が通う」ようになるのです。

もやもやとした氣分のとき、思い切って何かの行動を起こしたら元氣になった、という経験をしたことはないでしょうか。

これは氣を出すことで、氣が通うようになる一例です。落ち込んでいるときに、信頼できる人に打ち明けると氣が楽になるのも同じです。「話をする」こと自体が氣を出す行為だからです。

本書でいう「氣」は、出したことで消費されるものではありません。氣は通うことによってその力を得ます。

「氣」と「心」の違いは何でしょうか。

心は「わたしの心」「あなたの心」と表現できます。氣は「大自然の氣」であり、「わたしの氣」「あなたの氣」と表現することはできません。

また「心」は一度に一つのことに使うのが原則です。心を目標に向けて身体を使うことを、前述したように「心身一如」といいます。他方で、「氣」は四方八方に通っています。氣は一つのこと、あるいは、一方向のみに通うものではありません。周囲の氣配がわかるのは、氣が四方八方に通っているからです。反対に、氣が滞っているときは周囲の氣配がまったくわからなくなります。

それでは「氣」と「心」の関係はどうでしょうか。

もっとも簡潔に表現すれば、「氣が通っているとき、心を自由に使える」ということです。いい換えれば「氣が滞っているときは、心を自由に使えない」と表現することもできます。

精神的に不調な人は、氣が滞っています。そのため、心を使うことができない状態に陥っているのです。そんな状態で「もっと前向きになりなさい」と無理強いしても意味がありません。「がんばっているのにできない」という状況をさらに悪化させることになってしまうでしょう。これは、もっともやってはいけないことの一つです。原因は氣が滞ることにあるのですから、どうすれば氣が通うかに取り組むべきです。

「氣」と「心」は「氣が通っているとき、心の状態が伝わる」という関係にもあります。どれだけ強い思いを持って伝えても、氣が通っていなければ伝わりません。これは本書で何度も触れてきたことなので説明は割愛いたします。

さあ、それでは対談後半に進みましょう。

第3章
対談②
「自立と自律」

欠けている「自律」の教育

山藤　わたしは以前から、**教育の役割は「自立」した大人をつくることであり、学生時代においては、そのための「自律」を学ぶことが必要**だと話してきました。教育に携わる者として、この「自律」と「自立」という言葉について、よく考えるのです。わたしは文字から両者をそれぞれ「自分を律すること」と「自分自身の足でしっかりと立つ感覚」だと解釈しているのですが、どのようにお考えですか？

藤平　**「自律」は今の教育においていちばん欠けている部分だと思っています。**これは、本書のもう一つの大きなテーマになりそうですね。

まず「自立」とは、おっしゃるとおり、自分の足で立ち、生きることだと捉えています。そして、この自立の土台となるのが「自律」と「他律」です。簡単にいえば、他律とは、法律や規則に基づいて行動することです。「してはいけないこと」を伝えればいいわけですから、他律は教えやすい。一方、自律は、自らの意志に基づいて行動することです。これを教えるのは容易ではありません。

山藤　わたしはこれまで「他律」という言葉を用いたことはありませんでした。日常であまり使わない言葉ではないですか?

藤平　そうかもしれませんね。他律も大事ですが、他律の教育だけでは不足しています。「不適切ではあるが違法ではない」といい放った政治家がいましたが、これはその最たる例ではないでしょうか。

山藤　なるほど（笑）。それでは「法律に違反しなければ、何をしても良い」ということになりますね。そんな大人ばかりになったら、社会はおかしくなってしまう。大人が悪いお手本を見せて、どうやって子どもたちの教育ができるのか疑問です。

藤平　今の日本の教育は、他律が主になっているように思います。ひと昔前であれば、規則に疑問を持ち、全力で抵抗するような学生も数多くいました。しかし、今の学生はほとんど疑問を持つことなく規則を守ります。大人から見れば「扱いやすい子どもが増えている」ともいえますが、わたしはこれが本当に良いことか疑問に思います。

極端な例を挙げると「なぜ人を殺してはいけないか」という問いに対して、「法律違反だから」という答えしか返ってこない。

山藤　他律だけを土台にした教育をすれば、そうなってしまいますね。

藤平　ですから、昭和医療技術専門学校の「あいさつ」や「掃除」をしっかりさせるという教育も、他律に基づいて見ると上滑りしてしまうと思うのです。

山藤　ああ！　**「ルールありきの教育」**に見えてしまうわけですね。たしかに「あいさつ教育を徹底している」というと、あいさつを怠った学生に「しなくちゃダメじゃないか！」とスパルタで指導することだと受け取る人がいます。ルールを押しつけることが教育だと考えているのでしょう。

入学したばかりの一年生には、たしかに「あいさつをしましょう」というルールを形で伝えます。しかし、先ほどもお話ししたように「それは相手の存在を認めることだから」と意味を必ず説明するのです。そして、わたしや職員たちから積極的にあいさつをします。これは、あいさつを他律ではなく、自立した社会人になるために「自律」として身につけて欲しいからだったのですね。

藤平　あいさつをさせるから合格率が上がるわけではなく、あいさつを通じて自律の教育をしてこられたからこその成果なのだと思います。自律を身につけることは、当然、勉学に取り組む姿勢にもつながっていきます。将来的には、自立した社会人としての土台になる。つまり、世の中で本当に役立つ臨床検査技師になるための自律の教育として、あいさつがあるのではないでしょうか。

山藤　そのとおりだと思います。「出席」も徹底していますが、「ただ出席さえすればいい」という授業はつくらないようにしています。そういう授業が一つでもあると、他の授業への向き合い方にも影響しますから。

藤平　自律の教育としての「出席」であり、ルールで定めて強制的に出席させる他律の教育としての「出席」ではない。**「なぜ出席することが大事か」**という意味を説明なさっているのですね。

山藤　そうです。**医療人においてもっとも重要なことは、自分が心も身体も健康で毎日出勤することです。**どれだけ頭が良くても、どれだけ才能があっても、それができなければ役に立つことができません。そのためには、体調管理が欠かせませんし、自分自身でモチベーションを保つ工夫も必要です。他律に基づいて強制的に出席させても、こういったことはまったく身につきません。自律に基づいてこそ、です。

藤平　わたしは内弟子修行を経て、継承者として認められましたが、内弟子の1年目は、技の稽古よりも、とにかく休まず出て来ることを求められました。わたしはよく風邪をひいていたので、先代から「それでは一人前とはいえない」といわれていたのです。いろいろ工夫するうちに風邪ひとつひかなくなりましたが、あれも自律の教育の第一歩だったのでしょう。

「個性」「あなたらしく」はクセ者

山藤　学生の教育でいちばん難しいのは、この自律の部分だと思います。他律は知識として教えることができますが、**自律は本人が主体的に身につけなくてはいけない**。これを教えるには、まず、教育者や指導者の側が自律を身につけ実践し、ある程度の自信を持っている必要があります。そういう人であれば、ごく当たり前に「わたしはあいさつをしています。あなたもしようね」といえますから、学生も主体的にあいさつするようになると思うのです。

藤平　そうですね。わたしも同じような経験があります。大学の一般教養の授業で学生に心身統一合氣道を指導しているのですが、最初、学校の道場に入ってくるとき、多くの学生は礼をしません。わたしやアシスタントの学生が礼をするのを見て、真似をするようになるのです。授業では「礼」の意味を説明しますが、強制はしていません。いわれてしているのではなく、学生が主体的にしています。

山藤　それも他律による「礼」ではなく、自律による「礼」ですね。意味を理解した結果、自発的にしている。

藤平　医療従事者は、身だしなみも重要だと思います。どのように教育するのですか。

山藤　当たり前ですが、病院実習にいく学生には「髪は黒く、ピアスは外し、ヒゲも剃るように」と指導しています。あるとき、講演の依頼があった大学にいくと、金髪ロン毛の男子学生がいました（笑）。その学校の先生に「あのファッションを許しているのですか？」と聞くと**「彼は良い子なんですよ。あれは彼の個性ですから」**と真顔でいうのです。その大学は個性を大事にしているので、指導はしていませんといわれました。

藤平　ああ、なるほど（苦笑）。

山藤　この話は、うちの学生たちにもしました。すると、やはり「それは個性として認めても良いのではないですか？」という意見が出ました。ここできちんと答えることが重要だと思い、その場で説明をしました。「君たちが病院実習で向き合う方々は、病氣になったり、不調を抱えたりしている人たちです。そもそも来たくて病院に来ているわけじゃない。その人たち全員に『この病院に来て良かった』と感じてもらうために、わたしたちは働いています。それならば、黒髪がいい。なぜなら『茶髪や金髪が大嫌い』というおばあちゃんはいても、日本で『黒髪が大嫌い』というおばあちゃんはまずいません。ピアスをつけている人を見て、『個性があって良いね』という人、『ピアスは軽い人間に見える』という人、どちらもいるでしょう。でも『ピアスをつけないなんて！』と怒る人はいません。ヒゲも同じで『ヒゲを剃っている研修生なんてけしからん！』とは誰も思わないでしょう」というように話したのです。

藤平　たしかに、そうですね。

山藤　土台になっている考えは**「医療の現場においては、人の心に寄り添うことが大事**

であり、多くの人が『良い』と感じることがあらかじめわかっているのなら、まず、それだけは確実にやっておくべきだ」ということです。自分自身に本当の力がついて、土台がしっかりしたのなら、それぞれの判断で個性を主張すれば良い。でも、それまでは最低限できる努力は怠ってはいけない。そう説明しました。いわば「君たちにはまだその資格はない」ということですから、学生にとっては、かなり強いメッセージだったかもしれません。

藤平　それでも、必要なことではないでしょうか。「個性」や「あなたらしく」という考え方は、聞こえが良いぶんだけ、クセ者だと思います。自己主張をするのなら、その前に「何のために自分があるのか」「誰のために自分は働くのか」を理解していなくてはいけません。ところが、今は、周囲の大人がそれを注意するどころか、「個性」として片付けてしまうことがありますね。

山藤　ええ。その格好で病院実習にいけば、学生たちが損をするのは明らかなのです。個人の自由をいくら主張しても、社会で仕事をしていく以上は、周囲の「評価」にさらされます。そこをクリアするために最低限必要なことは、誰かが教えてあげないといけない。それこそが教育ではないでしょうか。もし、その金髪ロン毛の学生が本当に優秀で、良い子であるのなら、なおさら、そんなところで損をさせたらもったいない。言葉が過ぎるかもしれませんが、これを**「個性」として片付けるのは教育の放棄**ではないか、とさえ思います。

藤平　「氣が通《かよ》う」という観点に戻れば、患者さんと臨床検査技師とのあいだに信頼関係があるからこそ、より良い医療を提供できるわけですね。「金髪ロン毛のピアスで無精ヒゲ」はたしかに個人の自由かもしれません。しかし、医療の現場にその姿で出ていったら、患者さんに「この人で大丈夫だろうか？」と不信感を持たれやすくなるのは当然ですよね。

山藤　そう思います。自分の主張ありきで、相手がそれをどう受け取るかという視点がないわけです。人と人との関わりなんてどうでも良い。マニュアルどおり、迅速に診察、検査をして、処方箋を出せばそれで良い。もしそう考えているのなら、それでも良いのかもしれませんが、それで本当に医療といえるのか、ということです。

藤平　わたしも福岡ソフトバンクホークスのキャンプに氣の指導にいった際は、頭をほぼ丸坊主にしました。広岡達朗さんから「野球人には短髪がいちばん好まれますよ」と聞いていたからです。指導が成功するためには、選手やコーチとの信頼関係がもっとも重要です。ですから、氣が通いやすくなるようにそうしました。自分の主張が先なら、絶対に丸坊主にはなりたくありません（笑）。

山藤　ははは（笑）。

やはり「何のために」という目的が重要なのですね。わたしは、学生たちに「君たちが渋谷のクラブにDJ研修にいくのなら、金髪でもピアスでも構わないよ」といっています。それなら、どのお客さんも不自然とは思わないでしょう。しかし、医療というとりわけ特殊な現場では、その格好は不自然です。相手との信頼関係構築という目的がまずあり、そこから「自分がいかにあるべきか」が決まるのだとわたしは思います。

藤平　わたしが「個性」について深く考えるきっかけになった現場があります。

日本のプロ野球のある球団へ指導にいった際のことです。一緒にいらした広岡さんがコーチを叱責する場面がありました。投手を指導していたそのコーチは、腕を組んでただ黙って見ているだけ。広岡さんが「どうして注意しないのか」と尋ねると、コーチは

「あれは彼の個性ですから」と答えました。「彼は姿勢ができていないから、腕だけで球を投げている。放っておけば故障するぞ！」と広岡さんはいうのですが、一向に動こうとしません。帰り道に広岡さんは**「あれは個性を尊重しているのじゃなくて、どう教えたら良いかわからないだけだ！」**とずいぶん怒っておられました。

山藤　その氣持ち、すごくよくわかります。どうやって教えて良いかわからないから「個性」で片付けてしまう。最近の教育者、指導者にはその傾向が強い氣がします。プロ野球の世界ですらそんな状況だというのは、驚きです。

藤平　広岡さんがいわれるには、最近は「選手に嫌われたくない」といって、選手に聞こえの良いアドバイスしかしないコーチが増えているそうです。実際に、このときの投手は後に故障して調子を落としてしまいました。本当に選手のことを考えたら「個性」で片付けることはできないと思うのですが。

山藤　メジャーリーグで指導されたときはどうでしたか？

藤平　ロサンゼルス・ドジャースの指導にも、広岡さんが同行されたことがあります。向こうにはとんでもなく変則的なフォームの投手がいます。ある選手がそうだったのですが、彼のピッチングをみても広岡さんは何も指摘しませんでした。わたしから「彼のピッチングはいかがですか？」と聞くと「非常に個性的ですが、理にかなったピッチングです」というのです。他方で、一見するときれいに整ったフォームのピッチャーに「それではダメだ！」と指摘することがありました。

山藤　その違いは何なのでしょうか。

藤平　この場合は、基本となる姿勢です。心身統一合氣道では**「統一体」**と呼んでいますが、**自然な姿勢には自然な安定があるのです。**もし、力みがあったり、虚脱状態であったり、不自然な姿勢だと必ず不安定になります。投げるという動作においても、まずは基本となる姿勢が整っていなければいけません。

山藤　そこをみておられるわけですか。あくまでも「基本」があったうえでの「個性」ということなのですね。

個で捉えるか、関わりで捉えるか

藤平　「自律」の話に戻りますが、病院実習時の身だしなみで、「金髪・ピアスは禁止」をルールとして指導する学校も多いと思います。しかし、これでは他律であり、学生は「なぜいけないのか」の本当のところの意味を理解できません。

山藤　そうですね。ルールを一方的に押しつけるだけなら、他律のままになってしまいます。ですから、**学生から「あれは個性ではないのですか？」という質問が出たときが「なぜ」を教える最大のチャンスです。**自律として学生に身につけてもらうために、できる限りそういう瞬間を逃さないようにしています。

藤平　禅には「啐啄同時《そったくどうじ》（225ページ参照）」という教えがありますが、まさにそれですね。

わたしが若手指導者を育成する際には、常に「関わりとして捉えなさい」と伝えています。自分自身の存在を「個」として捉えてしまうと、個の自由がもっとも重要になり、自律がなくなってしまいます。しかし、自分自身の存在を相手や周囲との「関わり」で捉えると、自分のあるべき姿がわかり、そこに自律が生まれます。

山藤　なるほど。そういい換えることもできますね。

藤平　心身統一合氣道の稽古も同じです。**相手をどう投げるかばかり考えているのは「個」の発想です。「自分がどうしたいか」に終始しています。だから上手《うま》くいかない。これを相手との「関わり」で捉えることができれば、瞬間に、相手とどのような関わりであれば上手くいくかに考えが至るようになる。**これは、「氣が通っている」「氣が通っていない」の違いを示す最たる例です。

山藤　それを理屈だけでなく、身体を使って体感できるところが、稽古の魅力だと思っているのです。日常生活のなかでは、自分が「個」の状態に陥っている自覚なんて持てません。わたしなんて、「関わり」で捉えているつもりが、いつも自分のことだけにとらわれていますから（笑）。

藤平　文章を書くのもそうですね。「自分が何を書くか」という考えに陥っているときは、まさに「個」の発想で、何も出てきません。しかし、伝えるべき相手を想定して「関わり」として捉えた瞬間に、何を書くかは自然に決まってくる。

結局のところ、**社会生活においては、「個」の発想だけで生み出されるものは、上手くいかないのではないでしょうか。**

山藤　たしかに自分という存在だけで、自分自身の価値をみつけるのは難しいですね。自分の価値は、相手や周囲との関わりにおいて決まるのだと思います。ですから、自分が何者かがわからないときは、いわゆる「自分探しの旅」に出かけるよりも、目の前にいる人と真剣に関わるほうが良いのではないでしょうか。

わたしは医療人にとってもっとも重要なのは「相手の心に寄り添う」ことだと考えています。とにかく、真剣に、相手に関わる。そうすることではじめて、医療人としての自分がどうあるべきかもみえてくると思うのです。

それにしても、どうして人はこれほど「個」に固執するのでしょうか。

藤平　生活が便利になったことで、「関わり」を持たなくても、ある程度生きていけるようになったからではないでしょうか。他方で、人は一人では生きられないことを本能的に感じてもいる。だから、SNSなどで常につながっていたいと願うのでしょう。

山藤　なるほど。しかし、**SNSは「関わり」ではなく、「個」と「個」の交わりにな**

りやすい側面があると思います。お互いの評価が主となってしまって、ますます「自分は一人だ」という不安に陥るのではないでしょうか。人との関わりによってではなく、一方的な評価だけで自分の価値が決まるとしたら、こんなに辛いことはありません。だからというわけでもないのですが、わたしはＳＮＳをやらないのです（笑）。

藤平　じつは、わたしもそうですよ（笑）。

「本氣」の学校行事が物事に取り組む姿勢をつくる

藤平　学校行事のことをもう少し詳しくお聞きしたいと思います。

国家試験合格率１００％を目指すのなら、学生には知識を詰め込めるだけ詰め込んだほうが良いと考える教育者もいるでしょう。しかし、山藤先生はそうしません。限られた時間を使って、高尾山にいったり、台湾にいったり、富士山でキャンプをしたり、文化祭をはじめとしたさまざまなイベントをやっている。いわゆる常識の逆ですね？

山藤　はい。たとえば三年生の富士山研修キャンプなんて、大半の学生が乗り氣ではありません。それでも、国家試験を乗り切るために、そして、社会人として生きて働くための知恵や力を身につけるために、この経験は絶対役に立つ。そう確信を持っているから、学生たちを引きずり出すのです。学生たちには**「これは修行だ」**といっています。

藤平　そこだけを聞くと、強要しているように見えます。自律の考えとは矛盾しているようにも見える。冒頭でもお話ししたように、わたしは学校のイベントで形だけの一体感を強要されるのがすごく苦手なのです。

山藤　わかります。形だけの表層的な一体感は本当に鬱陶しいものです。わたしも学生時代は同じ理由で、部活などで苦しんだ記憶があります。

本校のイベントについて、その背景を少しお話しします。うちの学生に、高校時代どこにも居場所がなく、学校にはほとんど通わず、通信制で資格を得て入学してきた学生がいました。地方から出てきた当初は偏差値も低かったのですが、毎日真剣に勉強して、入学以来成績はずっとトップを維持し、国家試験にも合格。就職も、希望した地元ですぐ決まりました。もちろん、卒業式では最優秀賞として表彰されています。その卒業式でのスピーチで、彼女は「わたしは通信制の高校出身ですが、この学校に入ったおかげで臨床検査技師になれました。この学校でなければなれていません。みんなもここで真剣にやれば大丈夫！」と泣きながら在校生に話してくれたのです。この学校は、彼女にとって大切な居場所になったのだと思います。

この子は、高校まで受けてきた「形だけの教育」に、違和感を抱く感性の持ち主だったのだとわたしは思うのです。ドロップアウトしたように見えて、じつは彼女こそがまともだったのかもしれません。

藤平　学校行事が彼女を変えていったということですか。

山藤　そうです。もちろん行事だけではなく、毎日の講義や、講座でのワークなども含めた学校生活全体のなかで、彼女自身が感じた氣づきや体験があったのだと思います。わたしは、**学生たちがまだ知らない素晴らしいものに触れさせるのは、大人の役割だと信じているのです。**「学生が望むものを与える」という姿勢では、いつまで経ってもその機会は得られない。今の学生は未知のものに触れることに積極的ではありませんので、なおさらです。ですから、そのきっかけだけは強制的につくっています。全員がまったく期待してないところから始まって、帰るまでにその印象が完全にひっくり返るのは、じつにおもしろいですよ（笑）。その代わり学生たちに「良かった」と本氣で感じてもらえるよう、こちらも真剣にやらなくてはいけません。

藤平　なるほど。山藤先生は、そういう機会を真剣につくろうとしている。学生たちはその機会に真剣に臨む。その結果、何事にも代えられない感動を得る。つまり、物事に真剣に臨むことで得られるものがある、ということを実体験で教えているわけですね。

山藤　ええ。だからこそ「これは修行だから全員参加」と、最初だけは他律で押しつけます。しかし、そこで何かを感じ取り、その後の学生生活に活かすのは、学生それぞれの主体性です。そこまでできて、ようやく自律になる。

藤平　ああ、初めて理解できました。**学校行事を真剣におこなうことで、物事に取り組む基本姿勢を養っている**ということですね。一つのことに真剣になれる人は、何にでも真剣に取り組めますから。

山藤　はい。知識を詰め込むだけで成績が上がって、良い社会人になれるのなら、わたしもそうしています。しかし、実際はそんなことはありません。

わたしは、人間が全力で何かに打ち込むときのエネルギーは、対象を問わず、同じものからできていると思っています。勉強するとき、スポーツに打ち込んでいるとき、ゲームに熱中しているとき、趣味に没頭しているとき、恋をしているとき、やっている内容はまるで違いますが、その一生懸命なエネルギー自体は同じものでしょう。違うのは、エネルギーを向けている対象だけ。ゲームには一生懸命になれるのに、勉強にはそのエネルギーを向けられない、なんてことはありません。熱中しているときのエネルギーを向ける方向をただ変えれば、同じような真剣さを発揮できるのです。

藤平　まさに昔からいわれる「よく学び、よく遊べ」ですね。

山藤　はい。うちは毎年、文化祭をしていますが、普段は目立たないのに、文化祭になると驚くような活躍をする子が出てきます。それは、その学生が持っている潜在的なエネルギーです。大きなエネルギーがあるのなら、あとはその方向を勉強に変えるだけでいい。実際、文化祭をきっかけに、成績が上がっていくことがよくあります。他方で、発するエネルギーが小さい人は、何事に対しても真剣になれません。でも、本当は誰にでも何かしら一生懸命になれることがあると思っているのです。それで、表現が少々古くさいのですが、本校では**「何事も一生懸命」**という標語を掲げています。

藤平　一生懸命やる最初の対象は、必ずしも勉強でなくても良いというところがポイントですね。

山藤　ええ、**何でも構わないから、まずはエネルギーを大きく発揮できるようになれば良い。**学校行事はその機会づくりです。

一年生は高尾山に登ります。「どうして専門学校で山登りなんですか？」という声も出ますが、終わってみれば「すごく楽しかった！」ということがよくあります。最初はちょっとまわりから浮いていた子が、これをきっかけにして学校に居場所ができて、勉強にも身が入ることもある。もちろん、そうならない子もいます。何がきっかけになるかはそれぞれ違いますから、3年間のどこかでそうしたきっかけが得られるよう、機会を増やしているのです。

藤平　ただ「勉強しなさい」といわれ続けると、かえってやる氣がなくなりますね。氣が出るように導かないといけないのに、それで氣を止めているわけですね。

一年生の学校行事は高尾山登山。日常を離れ、全員でチャレンジする場づくりが目的。

二年生は文化祭などをはじめとした学校行事の運営を任される。写真は二年生が文化祭で毎年恒例の「合格祈願ダルマ」を三年生にプレゼントしているところ。

三年生は半年間の病院実習後、国家試験への切り替えも含めて富士山研修キャンプ。初日の学生主体の勉強会は深夜にまで及ぶ。

研修キャンプ後半はあえて一切ペンは持たない。仲間と「同じ釜のメシを食う」ことと、自分と向き合う時間が自立を促す。

就職率100%と社会的評価という壁

藤平　卒業後のことに話題を変えたいと思います。山藤先生の学校では就職活動のサポートにもたいへん力を注いでいるそうですね。

山藤　就職率はおかげさまで100%です。ですが、入社試験などのペーパーテストでは、大卒に比べて弱いところがまだあります。学生の就職指導についても試行錯誤を続けています。

藤平　おそらく、ペーパーテストの弱さを面接が補っているのではないでしょうか。山藤先生の学校の学生さんは人をまっすぐ見るので、それだけでも面接官の印象は相当に良いのではないかと思います。この基本ができていないのに、面接のテクニックだけ磨いても、採用するほうは見抜いてしまいますね。

山藤　はい。先生がいわれたとおりで、わたし自身は**「相手をまっすぐ見て堂々と答えきなさい。それでダメならそれでいい」**と伝えています。ただ、現実問題としては、面接に進む以前に、大卒であることや試験の点数を必須条件としているところが少なくないのです。そうしたケースでは、評価は書類上でほぼ終わっており、うちの学生の良さを感じてもらえません。とはいえ、これは社会の仕組みですから、愚痴をいっても仕方のないところです。

藤平　サッカーの試合に出るにはサッカーのルールを守る必要があるように、それが社会のルールならば仕方がないともいえますが、それでも、そういう無機質な方法で本当に有能な学生を採用できるかは、はなはだ疑問です。近い将来、それでは通用しない時代が来るのではないでしょうか。

山藤　まったく、そのとおりです。わたしもそう思いますし、学生にはそういっていますが……。ただ、とてもありがたいケースもたくさんあります。つい先日は、ある病院から「例年うちは大卒しか採用しないんだけど、今年はおたくの学生を採用したよ」といっていただきました。あとで、そこの検査部長にお尋ねしたら、その学生は、面接の最後に面接官の顔をまっすぐ見て「わたしを採って絶対に損はさせません」と断言したのだそうです（笑）。

驚いて「失礼なことをして、申し訳ありませんでした」とお詫びしたのですが、検査部長は「いやいや山藤先生、だからこそ採ったのですよ。じつにおもしろい学生さんだね」といってくださいました。数ある病院のなかには、このように自分の言葉で思いを伝える学生を評価し、受け入れてくださるところもあります。

藤平　それはうれしいですね。

山藤　本当に。うちでは、**希望する就職先を一つ選んだら、その合否が決まるまでは他を掛け持ちしないように指導しています。**一つ一つを大事にしなさいということですね。しかし、ほとんどの大学や専門学校では、当たり前のように掛け持ちで受け、内定をもらっても、もっと良いところが内定をくれたら乗り換えるということをしています。

しかし、内定を出した学生が突然断りの連絡を入れれば、当然、医療機関にたいへんなご迷惑をかけます。場合によっては、それ以降、その医療機関から卒業生を採っていただけなくなるかもしれない。つまり、後輩や学校に迷惑をかける可能性もあるのです。最近の学校や学生は自分のことしか考えないのだろうか、と思わずにはいられません。

ですから、一つの病院の面接に、同じ他校から何人も学生が集まるということも起こります。学校で指導された定型文に従って「○○大学の○○です。○○をしたいと考えています」と彼らは同じような答えをするわけですが、それでも書類の評価で、そちらが採用されることがあるのが実情です。社会が求める優秀な人材とは何だろう、と思うときがあります。

藤平　現実は甘くありませんね。

山藤　３年間、真剣に取り組んで、豊かな感性とたしかな技術を身につけても、社会がそれを評価してくれないことがある。それはすごく悔しい。何とかしたい。同時に、**少なくともわたしは、うちの学生に「君たちはそれでいい。優秀な人材だ」といってあげたい。**本氣でそう思っていますから。

藤平　現実と向き合うことも、大事な教育だと思います。真に社会で必要とされる人材になるには、社会の不公平や不合理も知っておく必要がありますね。

山藤　先日も、数年前に卒業した学生が相談に来ました。彼女は「仕事で悩んでいる」というので、一緒に食事をすることにしたのです。職場の上司が認めてくれない。自分だけが理不尽に登用されず、同期と差がついてしまった。そんな相談でした。ところが、職場自体は好きで、毎日楽しいともいうのです。わたしは「顔をみただけでも、変わったなと感じる」と話しました。「学生時代はすごくキラキラしていたけど、失礼ながら今はまったくしてないね。なんでだろう。思うのだけど、今は、誰のために、何のために仕事をしてるの？　上司の評価のためにしてるの？　それとも患者さんのため？　学生時代の君はどこにいったの？」そう尋ねると、ボロボロ泣き出してしまったのです。実際に職場に出て、自分でも氣がつかないうちに「何のために」が変わってしまっていたのでしょう。もともとすごく豊かなものを持っている、とても魅力ある子なのです。話を良く聴き、わたしが感じるところを話すうちに、スッキリしたみたいで、別れたあと、帰りの電車から「先生ありがとう、また一からやってみます」とメールが来ました。

藤平　卒業後もそうしてフォローを続けておられるのですね。**壁に突き当たったときに戻る場所があるのは、とても幸せなことです。**

山藤　学生たちにそんなふうに思ってもらえたら、こんなにうれしいことはありません。実際、世の中が厳しいせいか、アポイントもなくフラッとやって来る卒業生はその子以外にもたくさんいます。「アポイントくらいはしてから来てね」というのですが、みな「いつも誰かがいるのだから、いいじゃないですか」なんて平氣でいいます（笑）。だからこちらもいなくちゃならない。母校にいきたくなるタイミングというのは、ふとした瞬間のものなのかもしれません。

藤平　まずは一生懸命やることの楽しさ、喜び、充実感という土台を築き、その土台の上に、厳しい現実への対処を学ぶ。そうすることで、世の中を生きる強さと豊かさが身につき、厳しい社会に適応できる優秀な人材になれるのでしょう。

山藤　わたしたちは専門学校なので、国家試験合格率、就職率という目に見える数字から逃げられません。そういう短いスパンでの成果を求める傾向は、近年ますます強まっています。

しかし、**本当の意味での「教育の成果」は、その場ですぐに答えが出るものではありません。**今はまだ、何の意味があるのかわからなくても、10年後、20年後になって「あのときやっておいて良かった」と氣づけば良い。そう思っています。

藤平　わたしもそれで良いと思います。

大学で指導をしていると「この人はいったい何をいっているのだろう」と不思議そうな顔をする学生もいます（笑）。おそらく、そのときは、わたしが何をいっているのかサッパリわからなかったのでしょう。それでも、卒業後しばらくしてから「あのとき先生にいわれたことがわかりました」といってきてくれることがあります。その後の人生で得たさまざまな経験によって理解できるようになるのですね。

短いスパンでは得られないものこそ、本当に大事なものなのではないでしょうか。

空氣をまとう、ということ

藤平　ところで、わたしは山藤先生という人を、最初はよくわからなかったのです。
山藤　何ですか、唐突に（笑）。
藤平　山藤先生に心身統一合氣道を指導させていただくようになってまもなく、稽古のたびに、その日学んだことを文章にまとめて送ってくださるようになりましたね。その質もさることながら、文章の量が半端ではありませんでした。正直「どういう人なんだろう」と思ったのです（笑）。

山藤　それは、稽古で学んだことが、自分の日常とあまりにもつながっていることに、毎回感動していたからです。それと、インプットだけではなくアウトプットがないと、せっかく学んだことが抜けてしまう感じもあって……。先生がお忙しいのはわかっていましたので、「読んでいただけなくても良い」と思いながら書いておりました。ご迷惑でしたよね。

藤平　そんなことはなく、とにかく驚いたのです。世の中にこんなに本氣の人がいるのか、と。一度や二度、短い感想をいただくことはよくあります。しかし、まとまった分量の文章を毎回必ずいただくとなると「この人は本氣だな」と感じざるを得ませんでした。

山藤　いつもこんなことをしているわけではありませんよ。本氣の方に送るときだけです。いってみれば、ラブレターみたいなものです（笑）。

藤平　今になってわかるのは、これは山藤先生が日々の講義で学生たちにさせていることと、そのものですね。まずは自らが実践しておられる。おそらく学生にも同じように接しているのだろうな、と感じました。

山藤　普段はメールも文章もあまり書きません。ただ、学生が素直な感想を書いてくれたと感じたときは、こちらも定型的な文章ではなく、思ったことをそのまま書いて返しています。対話と同じで、それがいちばん相手も喜ぶだろうと思うのです。そうしたことを繰り返していると、学生も同じように接してくれるようになります。

藤平　学生のみなさんが山藤先生の空氣をまとうようになるのですね。

山藤　わたしの空氣ですか？

藤平　ええ。**本氣も「氣」の一つであり、山藤先生が発しているものです。**表情や態度、行動、言葉の響き、間やタイミング、そして雰囲氣など。そういった各要素がすべて合わさった、その人が発しているもののすべてです。それが周囲に伝わり、いつの間にか身についていくことを**「空氣をまとう」**と呼んでいます。

「まとっている空氣」は、その人が生きてきた総決算です。長い時間をかけて培われるものであり、勉強してわかることではなく、考えて身につくものでもありません。わたしがまとっている空氣、山藤先生がまとっている空氣があって、それぞれ周囲に感応しているのです。

山藤　そのことに氣づかれたきっかけは何ですか。

藤平　先代から教わっていたのですが、はじめは良くわかりませんでした。最初に氣がついたのは、じつは道場ではなく寄席です。ある時期、先代にいわれて寄席に通いつめたことがあります。高座にはさまざまな演者さんが上がりますが、**本当におもしろい人は、芸が始まる前に「この人はおもしろいな」とわかるのです。**そういう空氣をまとっているのですね。反対に、そうでない空氣をまとっている人もいます。

山藤　自分に自信があるかどうかが、観客に伝わるということですか。

藤平　それも一つだと思いますが、その演者さんのすべてが表れているのです。

お医者さんも同じではないでしょうか。診察室に入った瞬間に「このお医者さんならば信頼できる」と感じることもあれば、「本当にこの人で大丈夫か」と不安に思うこともあります。それは、そのお医者さんがまとっている空氣です。

山藤　ああ、なるほど。

二年次にわたしが担当している「医療人特論」という授業では、いろいろな方をお招きして講演をしていただくのですが、つい先日も、臨床検査技師の業界で著名な先生にお越しいただきました。講演後の質疑応答にも長い時間を割いてくださり、そこで接遇の話題が出たのです。まさに**「臨床検査技師にいちばん必要なものは、たたずまいだ」**というお話でした。「検査を受けるとき『この人なら大丈夫だ』『この人はちょっと嫌だな』というのは、君たちでも会った瞬間に感じるでしょう」というわけです。

藤平　まさに同じ話ですね。

わたしたち心身統一合氣道の指導者も同じです。合氣道の実力や指導技能があるだけでは上手くいきません。まとっている空氣が重要なのです。**上手くいくときは、上手くいく空氣をまとっている。**それとは逆に、**上手くいかないときは、上手くいかない空氣をまとっています。**

山藤　仕事でいろいろな人と接していると「ああ、この人は本氣ではないな」とわかることがあります。これは、その人がまとっている空氣がそうだということですね。おそらくこの人の生き方そのものが表れている。そう考えると、恐ろしいことです（笑）。

藤平　そういうことです。同時に「本氣である」か「本氣でない」かも伝わってしまうわけですから。周囲はその空氣に自然に感応していくのです。

著者が「医療人特論」の講師として招かれた際の講義風景。

「氣」の講義を受けた学生たちと山藤先生がピースサインで著者と記念撮影。

ですから、教育において「環境」は極めて重要だと思います。**「本氣でない人」に囲まれていると、無意識のうちにそれに感応してしまう。「本氣の人」に囲まれていたら、それに感応します。**

山藤先生のまとう空氣が職員や学生に感応し、一人一人が本氣になることで、本氣の「場」ができている。ひとたび良い「場」ができれば、そこにいるすべての人がお互いに感応しながら良くなっていきます。まさに「場」が育ててくれるわけです。

山藤　これまで言葉にできていませんでしたが、わたしが一生懸命目指していたのは、それだったのですね。

「本物に直に触れる」ことの大切さ

藤平　昭和医療技術専門学校の授業に招かれるゲストは、医療分野に限りませんね。さまざまな分野の最前線の方を呼ばれていて、今度は「渋滞学」で有名な東京大学先端科

学技術研究センターの西成活裕《にしなりかつひろ》教授の授業があると聞きました。ああ、学生のみなさんがうらやましい！（笑）

山藤　不《ぶ》躾《しつけ》なお願いをしている自覚はあるのです（笑）。でも、こちらが本氣でお願いすると、スケジュールさえ合えば、本氣の方はみなさん、喜んで応えてくださいます。ただ、外部には「専門学校生に西成先生の授業はもったいないのでは？」などという人もいるようです。

藤平　それは少々、不見識な考えですね。

山藤　ええ。わたしも、学生たちが西成先生の研究の奥行きまで理解できるとは思っていません。ただ、**学生たちには「本物」に触れて欲しいのです。本物だけが持っている「何か」を感じて欲しい。それが子どもたちのこれからの長い人生に大きな影響を与えると思っているのです。**先ほど知った「空氣をまとう」という言葉を使えば、本物がまとっている空氣に触れさせたいのだと思います。

藤平　インターネットがいくら普及しても、こればかりは、直に触れるしかありません。知識や情報を得ることを目的とした学習においては、インターネットはたいへん役立つでしょう。その意味で、20年前と比べ、何かを学びたいと思ったときのハードルは驚くほど低くなっています。しかし「空氣をまとう」ということに関しては、今も昔も学び方は変わりません。

山藤　「寿司屋の修業には意味がない」といって物議を醸した著名人がいましたね。

藤平　たしかに、昔ながらの閉鎖的な縦社会はムダも多いのだろうと思います。知識や情報はいかに効率的に得るかが重要ですし、技能についてもできるだけ短い時間で身につくような仕組みが求められている。そこに寄与するインターネットも大いに活用すべきです。

他方で、**「空氣をまとう」といったものは、直に触れて初めてわかることです。**インターネットの動画がどれだけ高解像度になっても、これは伝わりません。師弟関係でいえば、師匠と同じ時間・空間にいることで感じ取れるものがある。ですから、昔ながらの師弟関係には、今でも意味があるとわたしは考えています。

山藤　学ぶ目的によって、学び方は異なるということですね。「形のあるもの」を学ぶにはインターネットを大いに活用すれば良いと思いますが、**「形のないもの」を学ぶに**

は、どれだけ物理的にたいへんでも直に触れるしかない。

わざわざ道場に稽古にいく必要があるのも、そういうことではないでしょうか。

藤平　本当にそうですね。

山藤　そもそも、わたしは**「学び」**という言葉が大好きです。「勉強」というと義務感がありますが、たとえ受験のための勉強であっても、それは単なる「義務」ではなく、人生を豊かにするための「学び」だと思うのです。

国家試験は、どれだけ一生懸命勉強しても、落ちることがあります。でも、合格しなかったからといって、それまでに費やした時間や努力すべてがムダになるわけではありません。絶対にそんなはずはない。心の底から悔しく、残念でも、その経験は必ず役に立つ。「来年こそは」と必死になってまた勉強をするきっかけになるかもしれない。将来になって**「あのときの遠回りは、必要な学びであった」**と思うことになる可能性もある。受かることも、または努力しても落ちたことも、どちらも重要な学びと捉えることができるはずです。

そこをわかっているかどうかで、わたしたち学校の経営や運営はまったく違うものになると考えています。

藤平　人生において、それが本当にムダであったかどうかなど、かなりあとになってみないとわかりませんね。前述の西成先生は、それが**ムダかどうかは「目的」と「期間」を明確に定めてこそわかる**、とおっしゃっています。

人はどうしても「形のあるもの」ばかりに目を奪われやすいのだと思います。目に見える成果だけを追い求めて、そこに至る目に見えないプロセスを軽んじやすい。「形のないもの」を忘れているから、「こんなことをしてもムダではないか」という疑問が出てくるのではないでしょうか。

山藤　その考えでいけば、先生が寄席にいったのもムダということになりますね。

藤平　「形のあるもの」だけを見ていたら、そうなってしまいますね。

実際のところ、寄席では本当に多くのことを学んだと思っています。「空氣をまとう」もそうですし、聴きやすい話の呼吸、氣が通うことによって生じる一体感など、その場にいなければわからないことがたくさんありました。

同じように、東京ディズニーランドでも多くのことを学びました。

山藤　先生がディズニーランドに通っていたのですか⁉（笑）

藤平　ええ。年間パスポートを購入して、3年間ほど学校のように通いつめました（笑）。**ディズニーランドはアトラクションのような「形のあるもの」も楽しいのですが、「形のないもの」の宝庫でもあります。このときに感じたことに基づいて、今の自分があるといっても過言ではありません。**

山藤　「形のないもの」を感じ取るために足を運び続けたのですか。それこそ本氣の「学び」ですね。

藤平　山藤先生は「形のあるもの」ではなく「形のないもの」にフォーカスしています。「合格率」という目に見える数字づくりではなく、学生の本氣を導き出している。それは山藤先生のまとっている空氣が周囲に感応して生じていることで、学校行事はそのための具体的な手段だといえます。職員も、学生も、**一人一人が本氣であることが「本氣」の場を創造し、その場が人を育てている。**

山藤　自覚なくやってきたことを、ここまで明確に言葉にされると何だか怖さがありますね（笑）。まだまだ至らないところ、できていないところがたくさんあると思っています。でも、わたしが本氣で「全員卒業・全員合格」と思っていることだけは間違いありません。

元サッカー日本女子代表監督、佐々木則夫さんの「場づくり」

藤平　山藤先生は佐々木則夫《のりお》さんが率いた、「なでしこジャパン」のチームドクターをなさっていたそうですね。

山藤　はい。のりさん（佐々木則夫元監督）は、わたしがチームドクターをしていた代表チームに、最初はコーチとして来られました。そのころからのお付き合いです。ですから、「なでしこでは、わたしのほうが先輩だ」と冗談をいうこともあります（笑）。その後、わたしが昭和医療技術専門学校の校長になり、チームに帯同するのが物理的に難しくなったので、今はもうチームドクターとしての仕事はしていません。東京都のサッカー協会医学委員長は現在も務めていますが、長期の帯同はお断りするようになりました。

ただ、のりさんとの交流は今も続いています。山形県尾花沢市で定期的に開催されている「のりさん SOCCER SUMMER CAMP」などのイベントには、毎年、協力させてもらっています。前回のキャンプも「さんちゃん来てよ」と声をかけていただいたので、喜んでいってきました。いつものように80人の子どもたちと3泊4日の合宿でしたが、元なでしこの宮間あや選手や海堀《かいほり》あゆみ選手も来てくれて、たいへん盛り上がりました。ちなみに、のりさんは、昔からわたしを「さんちゃん」と呼ぶのです。なでしこの選手たちも同じで、名付け親は澤穂希《さわほまれ》選手です（笑）。で、わたしは「のりさん」と呼ぶ。奥さまも含めて、今もしょっちゅう会食をする間柄です。

藤平　そういうご関係なのですね。じつは、わたしは佐々木さんに関してはワールドカップ優勝という素晴らしい成果を残されたこと以外はあまり存じ上げなくて……。山藤先生から見て、どのような方なのですか？

山藤　普段ののりさんは、ダジャレやくだらないことばかりいう「おもしろいオヤジ」にしか見えません（笑）。しかし、サッカーに関しては違います。じつは原理原則を重

世界でともに戦った山藤先生と佐々木則夫元監督。

佐々木元監督の故郷、尾花沢市で開催される小学生向けキャンプではさまざまなスポーツやレジャーが体験できる。

んじる戦略家です。監督に就任した際の最初のミーティングを、今でもよく覚えています。のりさんは、サッカーにおける原理原則（＝相手よりも1点でも多く点を取る）に基づいたチームのコンセプト（＝世界一を目指すために「中から外へ」ではなく「外から中へ」ボールを追う、斬新な戦術変更）を決定し、**「この戦略とこのメンバーで世界一を獲る」**と全員に伝えました。それまで、アジアでも優勝したことのなかったチームに、いきなり「世界一を獲る」といったのです。そのうえで、選手やスタッフ全員がそれぞれ力を発揮できる「場」をつくったのだと、わたしは思っています。

藤平　どのように「場」をつくったのでしょうか。

山藤　いろいろありますが、たとえばスタッフでしょうか。のりさんが監督になったタイミングは、チームの状態があまり良くない時期でした。普通の監督であれば、まず、自分の考え方を理解している側近を集め、仕事のしやすいコーチやスタッフを登用するものだと思います。少なくとも、わたしが今まで関わってきたチームの監督はそうでした。しかし、のりさんは、**前任の監督時代のコーチ、スタッフを一人も入れ替えなかったのです。**

藤平　え！　そうだったのですか。スポーツの世界では、新監督が就任したら、自分が氣に入るコーチ、スタッフで固めるのが普通ですね。

山藤　そうです。ところが、のりさんは本当に一人も変えませんでした。じつは、わたしもチームドクターを離れようかというタイミングだったのです。でも、親しかったのりさんに「さんちゃん。俺が監督になるからやってくれるか？」といわれて、続けることにしました。それで、「スタッフはどうするのですか？」と聞いたのです。そうしたら「今いるスタッフ全員に自分の基本方針を伝えたうえで『やりたいか？』と聞いた」といわれました。「全員『やりたい』と答えたから、全員そのまま残したよ」と普通に笑いながらいうのです。正確には、それまでのりさんが務めていたコーチの枠が空いたので、そこにだけ新たな人を補充したという話でした。

驚きますよね。結果の出ているチームならともかく、当時のなでしこは、そうではありません。わたしは、まずはスタッフに手を入れて再出発するだろうと思っていたのです。それで「えっ！　それで本当にいいのですか？」と聞かずにはいられませんでした。のりさんの答えは「さんちゃん、大丈夫だよ！　これで世界一獲れるから！」でした。

わたしは正直、選手もスタッフも一人も変えないままでは勝てないだろうと思っていました。しかし就任してわずか3カ月で、東アジア選手権で初の優勝をもたらし、そしてご存知のとおり、その後本当に世界一になりました。

藤平　物事が上手くいかないとき、その原因を特定の人に求めることがよくありますね。組織でも**「この人がいるから上手くいかないのではないか」**という認識になりがちです。**佐々木さんが大事にしたのは、人の入れ替えではなく、勝つための「場づくり」であったということでしょうか。**

山藤　今思えば、そうだったのでしょう。当時はまったくわかりませんでした。どんなときでも人を切り捨てないというのは、のりさんの特長の一つだと思います。あとは、**人を否定しない。選手に対しても、常に「短所」よりも「長所」をみています。**

藤平　日本代表を選出するわけですから、選手間に厳しい競争があるのは間違いないと思います。それでも、選手から見たら「短所によって切り捨てられる」とはならず、「長所を認めてもらえる」のならば、監督の顔色を氣にしてプレーすることにはきっとならないでしょう。伸び伸びとプレーできる「場」をつくっていたわけですね。

山藤　はい。じつは選手たちは、コーチ時代から監督になった後も、のりさんのことを「コーチ」とか「監督」ではなく、親しみを込めて「のりさん」と呼んでましたし（笑）。そういう関係性があったということでしょう。

　のりさんのもう一つの特長は、人を100％信じて任せるところです。監督のなかには、すべてのテーマについて自分の言葉で話さないと氣が済まないタイプの人が少なくありません。しかし、のりさんはスタッフミーティングでもほとんど発言しない。その代わり、コーチはもちろん、テクニカルスタッフ全員に「どうぞー」とうながして、話をさせます。わたしからすると「そんなに任せちゃうの？」というほど人に発言を求め、黙ってそれを聴いている。それで、最後にちょっとだけ話すのです。これにも驚きました。

藤平　それは**「人の話を良く聴く」**だけでなく、**「その人が責任を持つべき内容については、その人に発言させる」**という目的もあるのでしょうね。人に発言を求めておいて、途中で引き取ってしまうリーダーがいます。発言を引き取るということは、その人を信頼していないのと同じです。だから、佐々木さんは最後まで黙って話を聴くわけですね。

山藤　そうですね。普通の人だったら途中で怒って遮りたくなるような発言が出ても、のりさんは遮りません（笑）。どうしてそこまで寛容でいられるのか、はじめのうちは理解不能でした。

後日、のりさんにお願いして、医療雑誌で「人の心に寄り添う」というテーマの対談をした機会に聴いてみたのです。すると、のりさんは、人に何かを求めるとき**「こちらが要求していることの６割くらいできていればＯＫ」**だといいました。同時に「さんちゃんは８割くらい求めるでしょ？　まだまだだね」というのです（笑）。たしかに、わたしは目先の結果が氣になってしまい、そこまで寛容にはなれません。誰もがそうだと思います。でも、のりさんは「相手を信頼して任せること」を目的としており、その軸がブレません。だから、一つ一つのことで乱されないのでしょう。

厳しい指導者は、世の中にたくさんいます。しかしのりさんは、こんなに寛容なのに、世界一を成し遂げてしまった。この事実に、そして、**このリーダーシップのスタイルに、わたしは「ああ。これでいいのだ」という確信のようなものを得たのです。**この経験が、今のわたしの経営者、指導者、教育者としてのスタイルに影響を与えている面はあると思います。

藤平　佐々木さんの振る舞い、たたずまいが、なでしこという「場」をつくっていたのだろうと感じます。一人一人が力を発揮できる「場」をつくれば、メンバーを入れ替えなくても、組織はこれほど劇的に変わるというお手本ですね。

「トップが替わると組織が変わる」というのは、本来、こういう意味なのではないでしょうか。わたしも組織の長なので考えさせられます。

山藤　うちの学校で、なでしこジャパンでキャプテンをしていた宮間あや選手に講演をしてもらったことがあります。印象に残っているのは「チーム」についての話でした。ある学生が「仲間」について質問したのです。すると宮間選手は**「サッカーは常に想定外の出来事の連続だから、チームでなければ対応することはできない」**と話し始めました。その点、なでしこにはさまざまなタイプの人がいました。「澤穂希選手だけでも、わたしだけでも、世界では勝てなかった。天然発言でいつもみんなを笑わせる丸山桂里奈選手をはじめ、じつに多種多様な選手、そしてスタッフがいて、その欠かせない仲間たちがそれぞれ自分の役割を真剣に全うできるチームだったからこそ勝てた」という答えだったのです。

藤平　なるほど。本当の意味での「多様性」ですね。

山藤　佐々木監督時代のなでしこジャパンには、マスコミを通して「自由」というイメージが強かったと思います。しかし、それは「放縦《ほうじゅう》」とは明らかに違うものでした。宮間選手がいうように、ピッチ上では想定外の出来事が次々と起こる。監督やキャプテンがいくら優秀でも、トップダウンやボトムアップの指揮系統だけでは対処できません。**選手一人一人がその都度自分で考え、勇氣をもって決断し、行動しなくてはいけない。**のりさんは、それができる「場」をつくったのでしょう。

藤平　佐々木さんの「場づくり」を間近で体感したことが、その後の山藤先生の活動に影響しているわけですね？

山藤　少なからずあると思います。

なでしこジャパンでは、得点が入ったらベンチで選手だけでなくスタッフも過剰なくらい喜んでいました。もちろん実際興奮して喜んでいるのですが、じつはこれは、選手とベンチが一体で試合に臨むために「ピッチの外から積極的に盛り上げていこう」と当時スタッフが話し合って決めたことでもあったのです。本当に、全員が文字通り、全力投球していました。この感覚は学生、職員一体で「全員卒業・全員合格」を目指す部分に通じていると思います。

氣がつかないフリをする原因は「面倒」と「恐れ」

山藤　先生は「相手の状態を良くみる」という話をなさいますね。「伝える」という行為が一方通行にならないようにするためには、まず「相手の状態を良くみる」ところから始めなくてはいけない。それができていないと、「あの子には何度いっても伝わらない」ということが起こる。うちの学校でも、そういうことがよくあります。ただ、なかには良くみているのに伝わらない、というケースもあるように思うのです。

藤平　どういうことですか？

山藤　相手が、自分の話を聴いていない。心をこちらに向けていない。そのことに、こちらはじつは内心、氣がついている。でも、その事実を認めたくないから、無意識のうちに「氣がつかないフリ」をしているケースがあるように感じるのです。

そんなことをしてしまう理由の一つは**「面倒」**、もう一つは**「恐れ」**だと思います。本当は氣づいているのに、「その状況を改善するのが面倒だから」あるいは「改善できなかったらどうしよう?」と恐れ、氣がついていないフリをしてしまう。つまり、大人の側から子どもたちへの関わりをシャットダウンしている。そして周囲の大人には「やるべきことはやっています」と言い訳できる形は整える。そういうことが起こっているのではないでしょうか。

藤平　たしかに、それはありますね。

山藤　職員の側からすると、理解の浅い学生に対応するのはとても骨の折れることです。いっそ氣がつかなかったことにするほうが楽ですし、自分も傷つかずに済む。意識的にやっているとはいいませんが、無意識のうちに見過ごしてしまう。無意識なので自覚もありません。

　ところが、わたしはそういう部分にこそ介入したいと考えています。だから職員に**「氣がつかなかったではなく、氣がつくことが職員の仕事」**と伝えているのです。ここを土台にすると、職員は相手のことを本当にみないといけません。

藤平　基本的に賛成です。ですが、わたしはかねてから、大学を卒業して間もない20代の先生に現場の全責任を持たせることは厳しいと考えています。わたしは今、40代半ばですが、これまでさまざまな経験を積んできた結果、そういうことも理解できるようになりました。しかし、経験の浅い、若い先生にそれを求めるのは酷ではないでしょうか。

　制度上、大半の先生は、大学を卒業してすぐ教壇に立つという現実があります。それならば、せめて、たしかな経験と実績を積んだ主力の先生がいて、若い先生はそのやり方をみながら実践で学ぶ仕組みや場があれば良いのに、と思うのです。ましてや近年問題になっている学級崩壊などは、ベテランの先生でも手強いのではないでしょうか。

山藤　学校の場合は、トップの力量が非常に大きいとわたしは考えています。なぜなら、学校教育はチームでおこなうものだからです。たしかに20代の若い先生はいくら一生懸命だったとしても、上手く学べない学生には叱ることしかできません。「どうしてやらないんだ」としつこく繰り返して、逆効果になってしまうことも多い。それは仕方ないし、それでも良いと思うんです。ただし、その状況をちゃんとトップがわかっていなくてはいけない。若手の手に負えない部分は、ベテランが担当する。若手には学生と年齢が近いという特性がありますから、それを活かして、一緒に盛り上げる役割をがんばる。そして、いざというときの責任はトップが取る。こんなチームが機能すれば良いのではないでしょうか。

藤平　なるほど。

山藤　ところが現在、世の中は完全に逆の方向に進んでいます。**小中学校の先生に聞くと「自己防衛をしないと、全部自分の責任になってしまう」というのです。**つまり、学級崩壊が起きれば担任のせい。親からクレームが来ても担当のせいになる。だから、自分のせいにされないよう、あらゆる責任を回避する仕組みを、行政も、学校のトップも、ベテランの先生も率先してつくっています。これではチームは機能しません。若手の先生がベテランの先生に「責任を分担してもらえませんか」と持ちかけても「そんなことをしたら、自分の担当する生徒に向き合えなくなってしまう」と断られるのが現実です。

そこを分担できるように割り振り、チームとして機能するようにマネジメントするのは、学校のトップにしかできない仕事だと思っています。

藤平　山藤先生はどうなさっているのですか？

山藤　たとえば、**本校においてはすべてのクレームは校長であるわたしが直接受けることにしています。**

うちにも20代の職員がいます。がむしゃらで熱意に溢《あふ》れていて、良いところがたくさんあります。しかし、やはり未熟な面もある。その未熟さが原因で、親御さんのクレームにつながることがあります。でも、それを受けるのはわたしの役目です。なかには強硬だったり、理不尽な抗議もあって、対応するのが辛いときもありますが、学校としては誰かが受けなくてはいけない。であれば、その人の言葉がそのまま最終的な学校の言葉になる、トップが適任だと考えています。そうすることで、若手も自分の強みを発揮しやすくなり、チームとして機能すると思うのです。

これは学校だけでなく、わたしが経営している医療法人の各施設も同じです。

藤平　たしかに、**チームとして機能していない現場をみると、常に責任の押しつけ合い**

が起こっていますね。「責任を取らされたくない」という恐れに支配されて「わたしはやるべきことをやっています」という形づくりに固執してしまうのでしょう。トップが本氣になって「自分が責任を持つから、持っている力を発揮して欲しい」と伝えるのは、良い「場」をつくることであり、わたし自身の役目でもあります。

氣が通っているから「感じ取る」ことができる

山藤　伝わるには「氣が通っている」ことが大事と先生はいわれます。そして、それは信頼関係の構築でもある。「氣が通っている」＝「信頼関係ができている」という理解で正しいでしょうか？

藤平　人を導くうえにおいては、ほぼ同じ意味です。しかし「氣が通う」という本来の意味は、自分自身を「個」の存在として捉えるのではなく、大自然の一部であり、周囲とのつながりとして捉えるということです。

わたしたちは大自然の一部であり、「氣」を通じてつながっています。大自然とわたしたちが氣でつながっている状態、つまり大自然と「氣が通っている」のです。何らかの理由によってそのつながりが失われると、氣は通わなくなってしまいます。この状態を「氣が滞《とどこお》っている」といいます。

山藤　氣が滞ると、周囲のことに氣がつかなくなるのですね。「伝えたい」という個人的な思いが強すぎると、相手の状態がみえなくなるのは、氣が滞るからですね。

藤平　そういうことです。稽古でいえば「距離感」もそうです。文字通り「適切な距離を感じ取る感覚」ですが、**氣が通っているときは、相手との関わり、周囲との関わりで捉えているので、適切な距離はおのずとわかる。**しかし、自分のことしか考えられない状態だと、氣が滞ってその距離がわからなくなります。

山藤　カッとすると異様に距離が近くなる人がいますが、それも同じですか。

藤平　それ、本当に危ないのです。先日、若い警察官が酔っ払いといい争いをしている現場をみてしまったのですが、警察官は相当に腹の立つことをいわれたのか、相手と異常に近い距離にいました。もし、相手が刃物などで攻撃してきたら、あの距離では防げません。そんなことは警察では教えているはずなので、カッとして自分の氣持ちでいっぱいになってしまった結果、距離がわからなくなってしまったのでしょう。

山藤　危険な現場に出る人が間合いを見誤ったら、たいへんなことになりますね。

藤平　握手をするときも、相手との関わりとして捉えれば、いちいち頭で考えなくても自然に適切な距離を選ぶことができます。ところが「どのくらいの距離が良いだろうか」と自分の基準だけで捉えると、とたんにわからなくなり、不自然な距離になるのです。

心身統一合氣道の技も同じことで、相手を導き投げるうえで適切な距離があります。遠すぎても、近すぎても、上手くいきません。その距離を頭で考えるのではなく、自然に感じ取ることが大事であり、それには「氣が通っている」必要があるということです。

山藤　人との関わりにおける「距離」も同じことではないですか。相手によって、状況によって、適切な距離は常に変化します。それを感じ取れるかということですね。そうか。このお話は**「感じ取る」**という土台に戻るのですね。

藤平　ある道場で、お母さんの小言が嫌で仕方がないという子どもがいました。毎日「片付けなさい！」「宿題をやりなさい！」といわれる。そのたびに「今やろうと思ったのに！」といっていたそうです。

それを耳にした道場の指導者が、その日の稽古で「それは相手が攻撃してきて、やられてしまってから『今避けようと思ったのに！』というのと同じだよ」と教えたのだそうです。相手が攻撃するときは必ず氣が動くわけで、それを感じ取れば避けることができます。ここからが、このお子さんの賢いところです。

お母さんの小言を「攻撃」と理解したこのお子さんは、お母さんの小言をいう氣が動いた瞬間を感じ取り、ひと呼吸早く動くようにしたそうです。お母さんはこれに感動し「うちの子がこんなに良くなりました！」と喜びました。もちろん、お子さんには「そもそも怒られる状況にしないことが大事だよ」と指導者から伝えるのですが（笑）。

山藤　良い話ですねえ（笑）。

藤平　それまでは氣を滞らせていたから、親御さんの氣の動きを感じ取れていなかった。だからいわれるまで動かない、いや動けなかったのでしょう。でも、氣が通った状態であれば感じ取ることができるので、いわれる前に動けるのです。

山藤　なるほど。**「いわれてから動く人」と「いわれる前に動く人」の差も、氣が通っ**

ているか、滞っているかの違いだったのですね。 先ほどのお子さんの例であれば、一つのことが変わったということは、他のことも変わったのではないですか。

藤平 学校の成績も良くなったそうですよ。

山藤 やはりそうでしたか。わたしは、これこそ心身統一合氣道の稽古の魅力だと思います。技を覚えることはもちろん大事、そして、技を身につけることで日常が変わってくる。

「場」の大きさ、「場」を広げる

山藤 「場」の大きさというものを考えることがあるのです。昭和医療技術専門学校は現在各学年80名、三学年で240名を定員としています。**240名という大きさは、校長であるわたしが全生徒の名前、出身地、成績、性格をちゃんと把握できる上限の人数です。** 外部の方からは「定員割れが当たり前の時代に、倍以上の応募があるのですから各学年120名くらいにしてはどうですか」とよくいわれます。それでも、わたしとしては、この規模だからこそ職員と学生が一緒に「場」をつくることができているという感覚があるのです。

先生の組織は国内だけで1万人、海外も含めれば3万人の会員がおられます。わたしの学校とは比較にならないほど大きな組織でリーダーを務める先生は、場の大きさについてどうお考えですか？

藤平　いやあ、わたしにとって、その質問がいちばん厳しいです（笑）。

山藤　では、やめましょうか（笑）。

藤平　いえいえ。まず目的・目標によって、それに相応しい「場」の大きさが決まると思います。「国家試験に全員を合格させる」という目標はかなり高いもので、それを達成するには「微に入り、細に入り」という質が求められるでしょう。ですから、山藤先生がお考えのとおり、「場」を大きくするのは簡単ではないはずです。

他方で、講演などで「大多数の聴衆に一つのテーマを伝える」という目標ならば、対象が1000人いてもそれほど難しくはありません。ただし「全員に正しく伝わる」という目標ならば、この大きさではほぼ不可能です。

山藤　たしかにそうですね。

藤平　わたしの場合、自分一人ですべての会員に指導することは物理的に不可能です。そこで、指導者の存在が重要なわけですが、本当に良い「場」をつくるうえで、まだ課題がたくさんあるのです。

山藤　ああ、だから答えにくい質問だったのですね。すみません（笑）。

藤平　いいえ（笑）。さらにいえば、わたしは二代目で、2歳から稽古しているのでキャリアこそ長いのですが、先代からの弟子も多く、指導者のうち半数はわたしよりも目上の方々です。ですから「場」の大きさに加えて、同時に「場づくり」そのものの難しさもあります。

山藤　それだけのみなさんを導いていくのは並大抵のことではないと思いますが、どのように「場づくり」をしておられるのですか。

藤平　この対談で何度もお話ししてきたとおり、**「氣が通う場づくり」**を心がけています。それには、まずはリーダーであるわたしと、一人一人の指導者との信頼関係が重要です。どうしたら信頼が得られるかを第一に考えています。

先代の藤平光一は継承者としての教育のなかで、**「特別なことをして賞賛を得るよりも、当たり前のことを当たり前にして信頼を得なさい」**といいました。「賞賛」はいっときのこと、時間が経てば薄れていくものです。「信頼」は一つずつ積み重ねるもので、信頼を失うことをしない限り、積み重ねていけるものです。

山藤　先生は「氣が通う」という土台の教育を受けてこられたのですね。

藤平　氣が通ってさえいれば、相手の変化に氣づいたり、相手の状態を正しく理解したりすることができます。

人の集まるところにトラブルが皆無ということはありません。どんな組織でも日々、さまざまな問題が生じます。相手が発しているものをみれば、それらを事前にキャッチすることができますが、問題は、日本全国にいる指導者と毎日顔を合わせるのは不可能だという現実です。

山藤　その点は学校の環境とは大きく異なりますね。

藤平　そこで、指導者を対象とした講習会や稽古を頻繁におこない、わたし自身が全国をまわるようにしています。それによって、少なくとも年に数回は直に顔を合わせることができ、発しているものを直にみることができるのです。

山藤 なるほど、技を指導することだけが目的ではないのですね。「場」が大きくなったら、その大きさでできる工夫があるわけで、やはり基本は「氣が通う」ことですね。

トラブルや問題があるかどうかは、その人が発するものでわかるとのことですが、先生はどういうところをみているのですか?

藤平 いろいろありますが、もっともわかりやすいのは、どこまで氣が届いているかです。**氣が滞っているときは、氣が狭い範囲にしか届いていないので、その姿は小さくみえます。氣が通っているときは、氣が隅々まで届いているので、その姿は大きくみえます。**これだけでも「氣が通っている」「氣が滞っている」はわかります。

山藤 表情が明るい、表情が暗い、というようなことではないのですね。

藤平 そうですね。表情が暗い人はだいたい氣が滞っています。ただ、表情が明るくみえても、氣が通っているとは限りません。

また、氣が滞っていることがわかっても、わたしは超能力者ではないので、その理由まではわかりません。そこからは対話を通じて理解する努力をします。組織への不満、道場・教室でのトラブル、あるいは家庭内の事情など原因はさまざまですが、「何が問題か」が明らかになれば一緒に解決していくことができます。

問題なのは、相手の「氣が滞っている」状態に氣がつかないことです。せっかくその人が発していても見逃してしまう。こだわりがあるとき、心配ごとがあるとき、慌てているときなどに、そうなりやすい。

山藤　すごくわかります。わたしにもたくさん経験があります。

藤平　先代の藤平光一は、氣が滞った状態を指して**「マイナスの種」**と呼んでいました。氣づいた瞬間、種の状態のまま取り除けば問題ないようなことでも、そこから芽が出て、大木になってしまってからでは手の打ちようがありません。

これは、わたしだけではなく、山藤先生の学校でも、あるいは家庭内においても、同じではないでしょうか。

山藤　そう思います。「場」の大きさの話に戻りますと、じつをいえば「場」をできるだけ大きくしたいという氣持ちもあるのです。それは経営上のことではなく、学生の居場所づくりのためです。タレントのさかなクンが**「狭い水槽の中では魚同士のイジメが起こるのに、広い海では起きない」**という話をしていたのを何かで読んだことがあります。わたしは学校も同じだと思うのです。海のように広ければ、いろんなタイプの子が参加できるコミュニティが自然にできて、誰もが孤立しにくく、居場所をつくりやすくなるのではないでしょうか。だからできるだけ大きくしたい。でも「場づくり」をしっかりして、理念を達成するには小さいままでいたい。これはずっと悩み続けている部分です。

藤平　母数が小さかったら多様性は得られない。数を増やして多様性を得られても良い「場」でなければ意味がない。

山藤　まさしくそうです。臨床検査技師の国家試験合格率上位の学校は、ほとんどが各学年20人とか40人という規模です。合格率にこだわるなら、少ない人数のほうが楽なのは間違いない。わたしたちの目的は合格率ではありませんが、そのうえで、毎年80人近い人数を合格させている。自慢ではありませんが、こんな学校は他にありません。今やっていること自体が、非常にチャレンジングなことなんです。でも、この人数をさらに増やすことができれば、周囲から弾かれ、居場所のない子を減らせるかもしれません。なるべく大きな「場」をつくり、なるべく多くの子を臨床検査技師に導いてあげたい、とも思うのです。

藤平　わたしは、世間でいわれるダイバーシティ（多様性）という言葉に少し違和感を覚えていました。「みんなを受け入れましょう」「お互いを認め合いましょう」という理想論ばかりで実体がないでしょう。でも、**良い「場」をつくるという土台があったうえで、多様性が実現できるのであれば、地に足が着くのではないかと思います。**

山藤　ええ。**仲良しでなくてもいいんです。ただし仲間ではあって欲しい。**これも、わたしが入学してきた学生たちに伝えていることです。好き嫌いは人間ですから誰しもあります。でも、自分と合わないタイプであっても、国家試験合格という同じ目的を共有している仲間ではいられる。「何かの縁があって、同じタイミングで同じ場所にいるのだから、良い場をともにつくっていこうよ」と話すのです。それは他者に対する尊重であり、世の中は自分だけで成り立っているわけではないという、本質的な感謝の思いではないでしょうか。

藤平　伸び伸びと感じ取り、感じたことをそのまま出して良い。ただし、自分と同じように、他人にもそれぞれの感じ方があるのだからお互いに尊重しましょう、ということでもありますね。そして、それを支えるのが自律の教育ではないでしょうか。

山藤　そう思います。職場も同じです。わたしが校長になったころは、学生募集も上手くいかず、定員も割れていたような学校でした。当時、職員全員で「どうやったら良い学校になるか、良い職場になるか」を対話したことがあります。それぞれ意見を出し合ったのですが、ある職員の**「みんなが少しずつでいいから、今より優しくなったら良いのではないですか？」**という一言を、今も鮮明に覚えています。すごく素朴な発言ですけど、それまで、まったく考えたことのなかった視点で「すごいな」と思ったのです。わたしは、このときからずっと「何をしたら優しくなれるのだろう」と考えてきたのかもしれません。人にはそれぞれ違いがあります。お互いの違いを尊重するためには、話をたくさんしたほうが良い。反対意見もいえたほうが良い。「あなたの意見はそうなんですね。でも、わたしは違う意見です」と誰でもいえるようにしたかった。そういうことをちゃんといえる会議をしよう。これが今も続けている職員会議のルーツです。

藤平　まず職員のあいだから「場づくり」を始めたのですね。それは学校だけでなく、どんな組織にも共通するところだと思います。わたしも見習いたいです。

結論として、良い「場」というものを土台に、多様性を実現するためにどうやって「場」を大きくしていくか、ということだと思いますが、その点においては山藤先生もわたしも挑戦者の立場なので、答えはまだ出てきませんね。

どうでしょうか。30年後にもう一度同じテーマで対談をしませんか（笑）。

山藤　ぜひお願いします（笑）。どうなっていることやら、今から楽しみです。

しかし何だか偉そうにお話ししてしまって……。わたしの学校の事例が少しでも何かの役に立てたら、とても幸せです。ありがとうございます。

藤平　とんでもありません。本日は貴重なお話をありがとうございます。

第4章

「氣」は学びの土台である

「形のないもの」にフォーカスする

対談で山藤先生は、学生に「本物に触れて欲しい」といっていました。それは、本や動画を通じて知識や情報として触れるという意味ではなく、直に体験して感じ取ることを指しています。

氣や心といった「形のないもの」は、直に触れることで初めて理解できます。「形のあるもの」だけを学ぶ姿勢では、せっかくの機会もムダになってしまいますが、日頃から「形のないもの」を学ぶ姿勢のある、山藤先生の学校の学生さんであれば、本物に接することで「何か」を感じ取ることができるでしょう。そして、本物がまとう空氣に触れることは、学生さんのこれからの人生に大きな影響を与えるだろうと思います。

一言で「学び」といっても、知識や情報を得る学びもあれば、身につける学びもあります。目的によって学び方は変わってきます。

道場での学びを例にとると、身につける学びは、生徒は先生がしていることをよくみて、真似をするところから始まります。よくみない人は、自己流で学んでいくのであまり上達しません。先生がしていることをよくみて、正確に真似する人は、早く上達します。最初に真似るのは、身体の使い方のような「形のあるもの」です。ある程度、それができるようになったら、今度は、心の使い方のような「形のないもの」を真似します。身体の使い方は動画や図解でもわかりますが、心の使い方は直に触れて感じ取るしかありません。インターネットがこれだけ普及した現代であっても、だからこそ、貴重な時間を使って道場に足を運ぶ価値があるのです。

わたしが先代の内弟子として修行していた時代の話です。わたしも、師匠がすることをよくみて、真似するようにしていました。しかし、当時のわたしは「形のあるもの」ばかりを見ていたのでしょう。いつまで経っても師匠と同じようにはできませんでした。

そんなあるとき、先代はこのような言葉をわたしにかけたのです。

「今の学ぶ姿勢では、何年ワシの側《そば》にいても同じことだよ」

ショックを受けたわたしは、自分に何が足りないかを考えることにしました。その後、師匠がある日の稽古で「形のあるもの」「形のないもの」の話をするのを聴いたのです。何十人もいる生徒に対しての指導だったのですが、今にして思えば、わたしに重要なヒントを与えていたのでしょう。この話を聴いて、自分が「形のないもの」をまったくみていないことに氣がつきました。

わたしは相手を投げるとき「どうしたら相手を倒せるか」を考えていました。これは自分の立場からの視点です。師匠を良くみてみると、そんな感じは微塵《みじん》もありません。むしろ「どうしたら相手を手助けできるか」をみているようでした。これは相手の立場からの視点です。

つまり、わたしは「倒したい」という自分の都合を相手に押しつけていたわけです。それでは、相手とぶつかってしまい、当然、投げることはできません。相手にとって必要な動きをするからこそ、ぶつかることなく「導き投げる」ことができるのです。心の状態がまったく違うのは明らかでした。そこに氣づくことなく、形だけ真似をしていたのですから、身につかないのは当たり前だと、そのとき初めて理解したのです。

近年では「マインド」という言葉がよく使われるようになりました。何事をおこなうにもマインドが重要です。マインドもまた「形のないもの」の一つです。

そして「志」「目的」「思い」といったものにも形がありません。山藤先生の学校には、校内の至るところに学校の志が掲示してあります。これも「形のないもの」を忘れない工夫の一つなのでしょう。

「形のないもの」にフォーカスすることが、身につける学びの基本なのです。

「形のないもの」を探し求めて

内弟子修行を終えて一人前の指導者となってからも、わたしの悩みが尽きることはありませんでした。

最大の悩みは、自分自身の未熟さでした。先代と比較して、自分の指導には至らない部分が多くありました。周囲からは「半世紀以上も年齢が離れているのだから、仕方ない」と慰められるのですが、どうしても納得がいきません。

もっとも大きな違いは、相手への伝わり方でした。

先代が指導すると、学ぶ人たちの心が動きます。しかし、自分が指導しても、学ぶ人たちの心はほとんど動きません。簡単にいえば、指導後の「やる氣」がまるで違うのです。はじめは、学ぶ人たちのせいではないかと思いました。先代の指導は真面目に受けているのに、わたしの指導は真面目に受けていないのではないかと、相手のせいにしていたのです。しかし、どうやらそうではありません……。

そんなある日、事務局のスタッフ研修に同行し、東京ディズニーランドにいく機会がありました。アトラクションの空き時間に、当時やっていた「ミニー・オー！ミニー」というショーを観たのです。ショー自体も素晴らしかったのですが、それ以上に、ショーが終わったあとの様子にわたしは衝撃を受けました。会場にいる人々が感動で一体になっていたのです。

失礼な表現かもしれませんが、ショーに登場するみなさんは、決して世界的なパフォーマーというわけではありません。それでも、これだけの強い感動が伝わる。なぜ、これほど人の心が動くのかと驚きました。

その理由を知りたくて、後日、東京ディズニーランドに再度足を運ぶことにしました。二度目の「ミニー・オー！ミニー」にも同じ感動がありました。それでも、理由はまったくわかりません。

当時、東京ディズニーランドのすごさを解説するビジネス書はたくさん出版されていました。しかし、本を読むだけでは知識や情報しか得られません。感動のような「形のないもの」を理解するには直に触れるしかないので、対談でも触れましたように、思い切って年間パスポートを購入し、通い続けることにしました。ショーは一日に数公演ありますから、時間が許す限り、何度も観ました。繰り返し観ることで、多くのことがわかりました。

「ミニー・オー！ミニー」でわたしが最初に氣がついたのは、舞台に立つ人たちが「心から楽しんでいる」という氣を発していることです。その氣が観客にも伝わっているわけです。もし「楽しそうにみせている」だけであれば、それも氣を通じて伝わってしまうでしょう。つまり、彼ら、彼女らは毎回、同じ氣を発して舞台に上がっていたのです。当時のわたしに、この発想はありませんでした。調子の悪いときは、そういう氣を発して現場に出ていたのです。それでは人の心が動くはずもありません。

次に氣がついたのは、舞台に立っている全員が同じ氣を発しているということでした。一人でも本氣でない人がいると、舞台というものは台無しになってしまいます。東京ディズニーランドが、最高の思い出という「形のないもの」をゲストに提供しているのは知っていましたが、そのマインドは、ショーにおいても徹底されていたのです。どうすれば、このようなチームがつくれるのかに強い関心をわたしは持ちました。「場」についての理解が深まったのは、この経験がきっかけです。

他にも氣がついたことはたくさんあります。

同じショーを何度も観ていると、その日によって微妙に出来が違うことがわかります。そこは人間ですから、日々コンディションが違うのは当然のことでしょう。ところが、それでもショーは常に一定の質を保ち続けていました。

これはいったいなぜだろう。当時のわたしは毎回、完璧を目指していて、それができないとモチベーションが下がっていたのです。しかし「完璧にやりたい」というこだわりは自己中心的な考えで、相手からみれば意味がありません。そこで、野球にたとえて「悪くても三安打」という標語を自分のなかに持つことにしました。もしコンディションが悪く、ホームランが打てそうになくても、ボテボテのヒットであろうと内野安打であろうと三安打はしようと、そのときにできる最良のものを出し続けることを心がけたのです。これをきっかけに、ムラが少なくなっていきました。

最後にこのショーを観てから10年以上が経ちます。

また観たいなと思っているうちに、２０１８年3月「ミニー・オー！ミニー」は惜しまれつつ14年間の歴史に幕を下ろしました。本当に多くのことを学びました。

お手本があるから身につく

東京ディズニーランドの話をもう少し続けましょう。

頻繁に通うようになると、ゲストのさまざまなトラブルに遭遇する機会も多くなります。そのときのキャストの対応からも学ぶことが多くありました。

落下型アトラクションでの出来事です。

ある男性が買ったばかりの帽子をかぶったままアトラクションに乗り、落下の際に帽子が飛ばされてしまったようです。男性がキャストにそのことを申し出ているあいだ、男性の家族は恥ずかしそうに近くで待っていました。そこを通りがかったわたしの耳に、たまたまやり取りが聞こえたのです。

女性キャストは男性に「おケガはありませんでしたか」とまず確認し、「帽子をお取りいただくよう、乗車までの数カ所でキャストがご案内しておりましたが、覚えていらっしゃるでしょうか」とだけ質問しました。その後、買った帽子と同じものを無償で提供するように手配していたのです。

この一瞬の会話には、さまざまな情報が含まれています。

まずはゲストの安全が第一であること。

次に再発の防止です。キャストは「帽子を取るよう伝えていたのに、あなたは聞いていなかったのか」と問い正すのではなく、「帽子を取るように案内していたことに氣がついていたか」を確認しています。つまり、この男性に伝わらなかった原因を自分たちの側に置き、「伝え方が不十分だった」と捉えていたのです。

そして、最後に、せっかく東京ディズニーランドに来た家族の思い出が台無しにならないように、同じ帽子を無償で準備していました。

小さな子どもに対する配慮ならばわかりますが、大人の男性に対する対応だったのでわたしはたいへん驚きました。その判断の速さから、現場のキャストに大きな裁量を任せていることもわかります。

これだけの判断が、すべてマニュアルで決まっているはずがありません。東京ディズニーランドという「場」が、一人一人のキャストに自分の頭で考え、判断する仕事をさせているのだと感じました。氣の利くキャストが特別な対応をしていたわけではなく、普通のキャストが当たり前に対応していたことに感動したのです。

東京ディズニーランドでは、こういったやり取りを、園内のあらゆるところで目にします。わたしが「形のないものにフォーカスする」ということが、おぼろげにわかってきたのはこの経験がきっかけです。

ショーを観る列に並んでいたときには、こんなこともありました。

わたしが並んでいたのは、舞台の裏手です。すると、一回前のショーが始まりました。つまり、舞台に上がる人たちは、次のショーを待つ人たちには背中を向けて登場するわけです。

驚いたのは、舞台上にいる人たちが、ショーを観ている観客だけではなく、舞台の裏手で並ぶわたしたちにまで手を振っていたことでした。もし、ショーを観客に提供するだけが仕事ならば、そこまで氣は届きません。ショーの観客かどうかは関係なく、すべての人に良い思い出を届けようとする、本氣を感じずにはいられませんでした。

東京ディズニーランドでは、お客様のことを「ゲスト」、スタッフのことを「キャスト」と呼ぶのは有名な話です。キャストといえば通常は「配役」のこと。ディズニーランド全体を舞台に見立てれば、キャスト一人一人が役割を持った俳優さんなのでしょう。街にあるお店では、店員さん同士が氣を抜いてプライベートな話をしていることがあります。しかし、もし、これが舞台の俳優だとしたら、舞台上でそんなことはできないでしょう。

当時、わたしは講演をしたり、講習会で指導したりするとき、自分がどのような心の状態で出ればいいかわからずに苦悩していました。「素」の自分と、「舞台の上」にいる自分を使い分けているような氣がして、どちらが本当の自分か悩むときさえあったのです。しかし、自分を「役割を持って舞台に上がる俳優（＝キャスト）」と捉えれば、自分の役割を明確に理解し、その役割を全うすることが自分のなすべきことだとわかります。素のままで舞台に上がる俳優など一人もいないのですから、当然です。

このように東京ディズニーランドから学んだことを挙げればキリがありませんが、ここでもっとも大事なことは、「現場で直に感じ取ること」だと思います。

こういったことを本で知識や情報として得ても、わたしの役には立たなかったでしょう。実際にその場へ足を運び、感じ取り、良く考え、理解してはじめて自分のものになるのです。

東京ディズニーランドに非の打ちどころがないわけではありません。しかし、わたしにとっては「形のないものを大切にする場」というお手本でした。そのおかげで、場や氣といった「形のないもの」を理解する大きな助けとなったのです。

氣が動く瞬間が導く最大のチャンス

人を育成するうえで、もっとも重要なことの一つが「伝えるタイミング」です。

早すぎても、遅すぎてもいけない。今この瞬間しかない、というタイミングを捉えなければいけません。
対談でも触れましたが（152ページ参照）、禅には「啐啄同時《そったくどうじ》」という言葉がありま
す。「啐」は、卵のなかにいる雛《ひな》が内側から殻をつつく音。「啄」は、卵の変化に氣がつ
いた親鳥が外側から殻をつつく音。同時におこなわれることで、雛はスムーズに殻を破
ることができます。早くてもダメ、遅くてもダメ。どちらも上手《うま》くいきません。相手の
状態を良くみて、「その時」を逃さないことの重要性を説いた言葉です。
問題は、どうしたら「その時」がわかるかです。

心の動きは「氣」を通じて伝わります。
心身統一合氣道では、攻撃してくる相手の心の動きを感じ取る稽古があります。
心が静まった状態で相手と接していると、相手の「攻撃しよう」という心の動きを、
氣を通じて感じ取ることができます。この場合は、「氣配」といったほうがわかりやす
いかもしれません。ところが、心が乱れた状態で相手と接していると、氣配をまったく
感じ取ることができません。反応が遅れてしまい、適切な動きができなくなります。

また、相手の身体の動き（＝形のあるもの）だけを見ていても上手くいきません。身体が動くということは、すでに心が動いた結果なので、身体の動きを見てから反応するのでは遅すぎるのです。

これは、人を導くことにも直結しています。

対談で、山藤先生は「学生から質問してきたときがチャンス」といっていました。これは「なぜだろう？」と学生自身が関心を持ったときこそ、もっとも深く理解できる瞬間だという意味です。関心を持たない相手には、いくら詳細な説明をしても頭に入っていきません。関心を持つという心の動きは氣を通じて伝わるので、その瞬間を見逃さないことが、相手を導くうえで非常に大切なのです。

同じことは「やる氣」にもいえます。

相手が「やってみたい！」と思ったその瞬間が、導く最大のチャンスです。すでに氣が動いていますから、あとはその行き先を導けば、相手は積極的に取り組んでいきます。やる氣のない相手を導くほど難しいことはありません。やる氣も「氣」の一つなのです。

しかし、世の中には、せっかく氣が動いているのに、わざわざそれを止めてしまい、そこから相手を動かそうとする人がいます。

新幹線に乗っていたとき、隣に座っていた上司と部下の会話が耳に入ってきました。

部下「ぜひこのプロジェクトは自分にやらせてください」

上司「お前にはまだ無理だと思うよ」

部下「……」

上司「でも、一応やってみるか？」

せっかく部下がやる氣になっているのに、わざわざ氣を止め、それからまた動かそうとしています。これでは部下のやる氣がなくなるのは当たり前です。

先代は氣を止めることを絶対にしませんでした。

あるとき、わたしが「ぜひこの仕事はわたしにやらせてください！」と直訴したことがありました。先代は「よし！　お前なら必ずできる。ワシの元で2年しっかり準備しなさい」といいました。

物はいいよう、とはこのことで「できるようになるのに2年」ということは、「そのときのわたしにはできない」といっているのと同じなのです。それでも、いったん動いた氣を尊重して、こう答えたのでしょう。そのおかげで、わたしはやる氣を失うことなく、しっかり2年準備してから、その仕事をやらせていただきました。もし「お前にはまだ早い！」などと一喝されていたら、やる氣を失っていたかもしれません。

このように、氣が動いた瞬間が人を導くうえで最大のチャンスなのです。

「固まる」という悪い習慣

適切なタイミングで動けないとき、その理由は二つあります。

一つは、氣の動きをみていないときです。

そのために反応が遅れてしまい、動けなくなります。

もう一つは、氣が動いているのはわかっていても身体が動かないときです。

この状態を「固まる」といいます。

技の稽古でいえば、相手が攻撃してくる瞬間、どう動くか迷った挙げ句、固まってしまうのと良く似ています。氣が動いているのがわかっていても、その瞬間に動けなければ意味がありません。今まさに攻撃してくる相手に、「待った！」は通用しません。即座に何らかの動きをしなければ、身を守ることはできないのです。

人は、自分の想定しないことが起こると、固まってしまいます。頭ではわかっているのに、身体がまったく動かないのです。したがって、氣をみる訓練が必要であるのと同時に、固まらない訓練もまた重要です。


大学の一般教養の授業で学生と関わるようになって20年になります。

昔の学生には昔の学生の良さが、今の学生には今の学生なりの良さがあるものです。

ただ、最近の傾向として、何かあるたびに固まってしまう学生が増えているように感じます。

とくに、注意をされたり、指摘をされたり、叱責をされたりするときが顕著です。すぐに固まってしまい、何も反応できなくなるのです。ひとたび固まってしまうと、自分に非があるのがわかっていても、謝罪の言葉も出てきません。そこに悪意はなく、ただ「どう答えていいかわからない」と固まっているわけですが、それが相手には煮え切らない態度にみえたり、反抗的な態度に映ることがあり、イライラさせてしまうこともあります。

わたしが世話をしたある学生は、数週間経ってもなしのつぶてでした。もちろんお礼をいって欲しくて世話をしたわけではありませんが、学生の将来のためにと注意することにしたのです。

すると、驚くべきことがわかりました。この学生は数週間かけて、お礼状の文面を練っていたのです。

「どう書いたらいいかわからない」「こんな書き方で失礼にならないか」と迷った結果、その学生は固まってしまったようでした。わたしは「お礼状はすぐに出すほうが心が相手に伝わる」と話し、時間が経ってしまったら「証文の出し遅れ」になると教えました。

対話してわかったのですが、この学生のご両親、とくにお父様がたいへん厳しい方だったようです。子どものころから答え方を間違えると厳しく叱られてきたのだそうです。もともと考え込みがちなタイプで、固まりやすい性質だったのかもしれませんが、身近な人から威圧感を受け続ける環境にあったことで、固まることが習慣として身についてしまったのでしょう。

小さなお子さんの場合、身を守るうえでも、固まらないことが重要です。不審者が近づいて来るのがわかっているのに、身体が動かない、動けないというケースは実際、少なくありません。固まらない習慣を持っていれば、冷静に距離を取ったり、大きな声で周囲に知らせたりすることで、自分の身を守ることができます。

固まる原因はさまざまですが、多くは、考えごとをしたり、迷ったりすることで生じます。

対談で出てきた「正解を探す」という姿勢も、少なからず影響を与えているのでしょう。突発的な出来事に対し「どのように対応するのが正解か」を頭で考え始めてしまい、その瞬間に固まってしまうのです。

お子さんや学生だけではありません。

大人であっても「怒られたくない」「恥をかきたくない」という思いが強すぎると、固まる傾向が表れます。相手のアクションに無反応な人も、いざというときに固まってしまうことにつながっています。

この問題は、考え方を変えるだけで、解決することはできません。身体を使った訓練が必要です。

実際に、前述の学生は稽古によって固まることが少なくなっていきました。現在では、ある企業でプロジェクトリーダーを任されています。日々、想定外のことが起きるそうですが、心身統一合氣道の稽古が役立っているようです。

自分が発するものに責任を持つ

懇意にさせていただいている中小企業の社長がいます。経営されている会社でわたしは氣の研修をおこなっているのですが、この方は今、社員とのディスコミュニケーションに苦しんでいるようです。

人柄が素晴らしいのは間違いありません。もともと責任感がとても強く、仕事を全うするために「プライベートはすべて後回しにするような人なのです。「義務を果たすから権利が得られる」という考え方を持ち、やるべきことが終わらないうちは休暇もまったく取りません。しかし、そうした考え方や姿勢は「経営者の働き方」あるいは「その時代だから許された働き方」として否定はできませんが、ワーク・ライフ・バランスが大事とされる現代の社員たちにとっては、とうてい受け入れがたいものでもあります。

この社長も、そのことを頭では理解しておられるようです。しかし、心からは納得していないのでしょう。社員からの休暇申請には迅速に対応しているのですが、社員は口をそろえて「うちの会社は休暇が取りにくい」というそうです。社長は「一度だって休暇申請を認めなかったことなどないのに……」とグチをこぼしています。言葉や態度で示したことは一度もないにもかかわらず、社員からこのようにいわれることが、まったく理解できないようです。

みなさんはおわかりでしょうか。この問題は、心の状態が、発している氣によって伝わることで生じています。

社長の心のなかに「やるべきこともやらずに休暇を取ってけしからん」という思いが少しでもあると、たとえ言葉や態度に表さなくても、それが氣によって社員に伝わってしまうのです。

わたしたちは言葉を聞くより先に、無意識のうちに相手の発する氣をみています。その氣と言葉が一致しているときに「本当のことをいっている」「本氣でいっている」と感じ、一致していないときはそう感じないのです。

したがって、大切なのは、どういう言葉を発するか、あるいはどういう態度で接するかではありません。その前に、どのような氣を発しているかを理解することが大切なのです。

社員が休暇に入る際に、この方は毎回「良い休暇を！」と声をかけているそうです。しかし、その言葉すら社員にとってはプレッシャーになっていたようでした。決して悪意があるわけではないので、この行き違いはさすがに氣の毒に思います。

また、この社長は多忙なスケジュールのなか時間を工面して、社員から意見を聞く機会を多く設けていたのですが、社員には「うちの社長は他人の話をまったく聴かない人」と思われていました。

これも同じことです。

社員の話が「自分の考えと違う」「理に合わない」と感じると、社長は心のなかでムッとしてしまい、それが氣を通じて社員に伝わっていたのでしょう。社長がそういう氣を発していれば、それを感じ取った社員は、それ以上話をしようという氣がなくなってしまいます。

その結果、この会社は「意見をいうとかえって損をする」という場になっていました。

せっかくやる氣のある新入社員が入ってきても、場が悪くなっていれば、その場が社員を変えてしまうでしょう。社長には場がみえていないので、「うちの社員からはどうして積極的な意見が出ないのだろう」と悩み続けることになります。

この状態を解決するには「発するものに責任を持つ」しかありません。

その第一歩は、自分が発しているものを自覚することです。通常は自覚がありませんから、信頼する人に頼んで教えてもらうか、周囲の反応を良くみることが欠かせません。この社長の場合は、わたしから伝えるようにしています。発しているものに氣づいたときに指摘するわけですが、ときに困惑した顔をされることもあります。しかし、それがわたしの役割なので、改善されるまで地道に伝え続けていくしかありません。

かくいうわたしも、もともと氣性の荒い人間でした。うっかりすると、今でもそういう氣を発してしまいます。その状態では周囲の人はわたしのことを避けますし、ディスコミュニケーションも生じます。すると、結果として、何をしても上手くいかなくなるのです。ですから、その都度、自分が発するものを確認するよう心がけています。

伝えにくいことを伝えるとき、厳しい指摘をしないといけないときは、とくに発するものが重要です。

「相手を受け入れない」という氣を発していると、それを感じた時点で相手が身構えてしまうからです。そうすると、そのあとに続く言葉は相手には届きません。本当に大事なことを伝えるときは「相手を受け入れる」という氣を発していることが大切です。

小さな滞りが大きな滞りを生む

ディスコミュニケーションのきっかけは、ちょっとした氣の滞《とどこお》りにあります。

内弟子時代、掃除に明け暮れたことが習慣になったようで、わたしは今でもよく掃除をします。ホコリというものはおもしろいもので、こまめに掃除していると、ひどく汚れることがなくなります。計画的に掃除していれば大掃除をする必要はありません。

しかし「大した汚れではない」と手を抜き、少しのホコリを放置してしまうと、それがさらに他の汚れを吸着し、みるみるうちに汚れていきます。汚れきった状態をきれいに掃除するには、氣力も体力も時間も必要です。ポイントは、ちょっとした汚れのときに掃除し、元となるホコリを取り除いておくことです。

じつはこれ、「氣」の滞りに良く似ています。最初はちょっとした氣の滞りであったのに、それを放置することで、次第に大きな氣の滞りになっていくのです。

以前にこんなことがありました。

仕事に打ち込む毎日を過ごしているうちに、氣が滞ってしまい、すっかりやる氣をなくしてしまった人がいました。いよいよどうしようもなくなり、わたしのところに相談に来たのです。しかし、本人に原因をお尋ねしても、思い当たることはまったくないといいます。調子が悪くなり始めた時期を尋ねると、2カ月ほど前とのこと。そのころどんなことがあったのかを思い出していただくことにしました。

しばらく時間をかけて、ご本人が「あっ！」と思い出しました。

あるとき、信頼している人から批判されていることを人づてに聞き、悶々《もんもん》とした氣分になった日があったのだそうです。その後、忙しくしているうちに、そのこと自体を忘れてしまっていたようでした。わたしはそれが不調の大元ではないかと感じました。

最初はちょっとした氣の滞りでも、それが次の氣の滞りを生み出します。

この事例では「信頼している人から悪くいわれているかもしれない」という憶測が小さな氣の滞りを生み、そのままの状態で先に進んでしまったのです。そのため、次のことでも、さらに氣が滞り、これを繰り返したことによって、最終的にとても大きな氣の滞りとなり、自分ではどうにもできない状況に陥ったのではないかと思ったのです。

この相談のあと、わたしは、批判している人と直接話し合うことを勧めました。この方はすぐ、先方と対話する時間を設けたそうです。結論として「それはもっともな批判だ」と納得できたそうで、批判が事実であったにもかかわらず、この方はすぐ不調から完全に立ち直ったのでした。

後日、この方は「こんなことなら、最初からすぐに確認すればよかったですね」と、ちょっとした氣の滞りの怖さを振り返っておられました。

わたしは、お付き合いのある人とのあいだで氣になることが生じた場合は、必ず本人に直接会って確認するようにしています。

事実関係を明らかにすれば、氣になることが事実であっても、あるいは事実でなくても、氣は滞らないからです。

しかし、多くの人にとってはこれが難しいようで「たぶん、こうだろう」という憶測を立て、モヤモヤした状態で自分の心にしまい込みがちです。これこそ氣の滞りの大元であり、次々と新たな氣の滞りを生み出すことになるとわたしは思います。

いざというときにすぐに確認できるよう、お付き合いのある人とは率直に話をできる関係にしておくことも大事です。日頃からフットワークを軽くして、連絡を取り合い、氣が通う状態にしておけば、いいにくい内容でも確認することができます。

日頃から最低限の連絡しか取らず、疎遠で、氣が通わない状態になっていたら、確認などできるはずもありません。つまり、氣が通っている状態では、氣の滞りが生じにくいということでもあるのです。

考えてみれば、世の中の「滞り」には、必ず大元となっているものがあります。

そして、それは、たいてい「ちょっとしたこと」なのです。

対談でも触れた西成活裕教授によれば「渋滞」は滞りの一つで、高速道路の自然渋滞は、たった1台の車が車間距離を十分に取らずブレーキを踏むことから始まるそうです。その小さな滞りが、すぐ後ろを走る車にも滞りを与え、それがさらに後続の車に伝わって、積み重なって、大きな滞りになるわけです。それぞれの車が十分な車間距離を取って、そもそも滞りをつくらない努力をすることで、自然渋滞は防ぐことができるといいます。

氣の滞りも同じことです。

「自律」という自立の土台

最後に、対談で触れた「自律」と「他律」について、もう一度確認しておきましょう。「他律」とは、自分の意志によってではなく、他からの命令や制御によって行動することです。

法律や規則のように、人が決めたルールに従うことも、ここに含まれます。この意味においては、他律も重要な教育の一つといえるでしょう。法律や規則を無視しては社会生活を送ることはできません。「違反してはいけないこと」「違反したらどうなるか」を知識や情報として伝えることなので、他律を教えるのはそう難しいことではありません。「自律」とは、他からの命令や制御によってではなく、自身の立てた規範に従って行動することです。

自らのなかに確固たる規範があることで、初めてできる主体的行動ですから、これを教えるのは容易ではありません。時間も労力もかかるでしょう。昨今の日本では、他律の教育が主体になっており、自律の教育が疎かになっていると思います。「ルールに違反しなければ何をやっても良い」という考えは他律の教育の産物です。

先代の藤平光一は、自立の教育に重きを置きました。

「人を相手にするのではなく、天地を相手にしなさい」と説きました。「天地」とは「天」と「地」ではなく、「大自然」を指しています。どんな些細な教育にも、そこには自立の考えが土台にありました。

先代がわたしに指示するときは、必ず「何のために」ということも伝えていました。

近所におつかいにいくときですら、それが何のためのつかいなのかを事細かく説明するのです。「何のために」を理解していれば、目的に合わない状況やアクシデントが生じたときに、わたしは自分の頭で考え、判断することができます。わからない部分を確認することもできます。「何のために」を理解していないと、いわれたことをただやるだけになります。自立した人材を育てるためには、どんなに面倒であっても「何のために」を伝え続けることが欠かせないのだと、わたしは学びました。

また、先代はわたしの物事の見方や捉え方を常に確認していました。

「お前がどう捉えているかがわかるから、ワシとの違いを教えることができるのだ」といっていたのを覚えています。たしかに、先代の見方や捉え方を一方的に押しつけても、その意味を理解していないわたしに身につくことはありません。先代との物事の見方や捉え方の違いをわたしが自覚し、なぜ違うのかを自発的に考えたからこそ、わたしはその意味を理解することができたのでしょう。そうなってはじめて、先代と同じ見方や捉え方ができるようになるのです。

そして、自立において、もっとも重要だと教えられたのが「心を決める」ことです。

小学校低学年まで虚弱児であったわたしに、父は毎朝水をかぶるようにいいました。

「夏の暑い日から始めて、少なくとも1年間は続けなさい」

小学四年生の夏から、わたしは水浴びを始めます。はじめのうちは真夏なので氣持ちよくかぶっていましたが、秋になるあたりから徐々に状況が変わっていきます。寒い思いをしたくないので、冬になると、朝が来るのが憂鬱《ゆううつ》で仕方なくなりました。

そんなわたしに父が教えたのが、「心を決める」ことです。

父は「水をかぶる」「水をかぶらない」という選択肢を持つから辛くなるのだ、といいました。正直にいえば、最初は何をいわれているのかわかりませんでした。しかし「何とかしてサボれないか」と迷いながらやると、とても冷たく感じる水が、「必ずかぶる」と覚悟を決めてやるとそれほどでもありません。なるほど、と理解したわたしは、自発的に「心を決める」ということを身体で覚えていったのです。

そうこうしているうちに春になり、夏となって、1年が経ちました。そのころには「心を決める」ことが習慣づいていたのでしょう。「いきなりやめてしまうのも寂しい」という思いになり、結局、中学に進学するまでさらに2年近く続けました。このときの体験が、何事をおこなうときも「心を決める」というわたしの基本をつくりました。

内弟子修行にも同じ側面があります。

内弟子という環境を選ぶ以上、他の選択肢は捨て、心を決めて修行を始めなくてはいけません。しかし、なかには捨てることをせずに修行を始める内弟子がいます。すると、苦しいことに直面するたび「自分はこんなことをしていていいのか」「自分にはもっと他に道があるのではないか」と迷うことになります。ひとたび、この迷いが生じると、もはや困難を乗り越えることはできません。

もちろん修行を断念することはありうるでしょう。しかし、それは、やるだけのことをすべてやったうえで「これは自分が歩む道ではない」と確信した場合であるはずです。そのときは別の道を選べばいい。それもまた「心を決める」ことなのです。

わたしは、すべての教育は自立を目指しておこなわれるものと考えています。

もちろん、知識や情報、技能を授けることも教育には違いないでしょう。しかし、その根底に自立というものがあってこそ意味があるのです。

自立は「身体的自立」「経済的自立」「社会的自立」「精神的自立」と分類されることがありますが、いずれにおいても、他からの命令や制御によってではなく、自らの意志で達成されてこその「自立」といえるのではないでしょうか。その意味において「自律こそ自立の土台」ではないかとわたしは思うのです。

本書のなかで、昭和医療技術専門学校でのさまざまな取り組みをご紹介しましたが、自律の観点でみるのと、他律の観点でみるのでは得られるものは大きく異なります。ぜひ自律の観点で、いま一度読み直していただけましたら幸いです。

あとがき

この本を出版した理由は二つあります。

一つは「氣」というものが教育においていかに重要かをお伝えするためです。「氣」や「場」といった形のないものを通じて人の関わりをみることによって、はじめて理解できるものがあります。

今の日本の教育では、テストの点数や偏差値、内申書といった、「形のあるもの」でしか評価されない現実があります。それらは多くの人を客観的に評価するうえでは必要な物差しかもしれませんが、自立した人材、社会から必要とされる人材、世界で活躍する人材を育成していくうえでは、むしろ阻害要因になっているのではないでしょうか。

さらに、「正解を探す」という教育では、自分の頭で考え、判断し、責任を取るという強いリーダーを育成することもできません。

こうした現状は、世界において、日本の大学への評価が低下の一途をたどっていることと無関係ではないはずです。

もう一つは「昭和医療技術専門学校」という学校と出会ったことです。山藤先生との対談にあったとおり、この学校には特別な教育メソッドがあるわけではありません。むしろ、当たり前のことを当たり前にすることを突き詰めています。

「感じる」「表現する」「聴く」

「形のないもの」を理解する基本であり、これらがあってはじめて、地に足のついた学びになるとわたしは考えています。

現在、アメリカにおいても「形のあるもの」を画一的に教える限界が指摘されており、「形のないもの」にフォーカスするためのさまざまな取り組みが始まっています。しかし山藤先生の学校には、すでに「形のないもの」を教える教育がありました。わたしは、

「日本における最先端の学校」の一つといって良いのではないかと思います。これも、山藤先生が教育分野の出身ではなく、「教育」というものに先入観がなかったことが大きかったのではないかと想像します。

もちろん、山藤先生の学校に課題がないわけではありません。山藤先生ご自身も、常に「わたしたちは挑戦者ですから」といわれます。だからこそ、わたしにできることは最大限サポートしていきたいと考えています。

そして、全国で同じ志を持つ学校のみなさんに対しても、わたしは同様な氣持ちでおります。


最後までお読みいただきましてありがとうございます。

本書の内容が、少しでも読者のみなさんのお役に立てば、このうえない喜びです。

《謝辞》藤平信一先生との対談を終えて

昭和医療技術専門学校　校長　山藤 賢

教育は英語で education、その語源はラテン語の educatio で、その意味は「引き出す」だそうです。教育は本来、「与えるもの」ではなく「引き出すもの」だということでしょうか。心身統一合氣道会では、「人が持っている能力を最大限に引き出す」という理念を掲げています。これは、まさに教育という語の語源そのものだと思います。

今回、教育にまつわるこの対談をするにあたり、最高のお相手であると同時に、わたしの至らない話から最大限「引き出して」くださった藤平信一先生にまずは深く感謝いたします。

本校は臨床検査技師という特殊な資格取得の専門学校であるにもかかわらず、日々、さまざまな分野の方々が見学や訪問に来てくださっています。みなさんが本校学生を褒めてくださり、ありがたい限りです。ただ、わたし自身は、特殊な教育をしているつもりはありません。これまでの経験から、また、その場で大事だと感じたことを、トップであるという利点を生かし、柔軟にそして迅速に、職員とともに実践し続けているだけなのです。もちろん日々勉強はしていますが、形のあるお手本があるわけでもありません。ですから、本校教育に関してお褒めいただいたり、質問をいただいても、どうお答えしていいかわからず、知っている限りのことをお話しするしかありませんでした。

しかし、どうしても言葉では上手く伝わらない部分があるので、いつも「とにかく学校に来て、授業を見てください」といってきたのが現実です。

藤平信一先生が本校を訪れた際「山藤先生、この学校の学生はすごい。何がすごいかといえば、人をまっすぐに見ています。そのような教育をしている山藤先生の学校の職員のみなさんもすごいです」といってくださいました。初めていわれた言葉でしたが、非常に腑《ふ》に落ちる感覚があったのです。

その後、藤平信一先生から、「教育に関する本の執筆を頼まれているので対談してください」といわれ、恐れ多くもその依頼にお応えいたしました。それが本書です。

対談では、いまだわたし自身が言葉にし切れていないことや感覚を、「氣」という概念を通して、表現していただきました。それは、モノクロだったものがカラーになる、平面だったものが立体になるような、形そのものの見え方が変わるような体験でした。

わたしは、心身統一合氣道会の会員であり、稽古に通っています。わたしは稽古を、禅問答のようなものだと思っています。稽古にいくたびに問いがあり、氣づきがあり、悩みを解決するヒントをいただき、生活に戻ってそれを使い、また稽古に来る。そのような繰り返しだからです。それもただの智慧だけではなく、心と身体を伴った身体知としてです。そこには時空性さえも存在します。

まだまだ課題はありますが、わたしの学校の事例が何かのご参考になれば幸いです。藤平信一先生との対談を通して、書籍を手に取った方々の氣づきのヒントになればと願い、お手伝いさせていただきました。読者の方々にとってこの対談が、わたしにとっての道場での藤平信一先生との稽古、禅問答と同様の役割を果たすものになれば幸せです。

このたびはたいへん貴重な機会をありがとうございます。

「氣」が人を育てる

子どもや部下の能力を最大限に引き出す教育とは

著者 藤平信一

2018年10月25日 初版発行

藤平信一（とうへい・しんいち）
心身統一合氣道継承者、一般社団法人心身統一合氣道会会長。慶應義塾大学非常勤講師。1973年東京都生まれ。東京工業大学生命理工学部卒業。父・藤平光一より「心身統一合氣道」を継承し、現在は世界24カ国、約3万人の門下生に心身統一合氣道を指導、普及に務めている。米国・大リーグのロサンゼルス・ドジャースやサンディエゴ・パドレスの若手有望選手・コーチを指導するほか、経営者、リーダー、アスリート、アーティストなどを対象とした講習会、講演会、企業研修などもおこなう。著書に『心と身体のパフォーマンスを最大化する「氣」の力』（ワニブックス【PLUS】新書）、『一流の人が学ぶ 氣の力』（講談社）、王貞治、広岡達朗との共著に『動じない。』（幻冬舎）などがある。

発行者 佐藤俊彦
発行所 株式会社ワニ・プラス
〒150－8482
東京都渋谷区恵比寿4－4－9 えびす大黒ビル7F
電話 03－5449－2171（編集）
発売元 株式会社ワニブックス
〒150－8482
東京都渋谷区恵比寿4－4－9 えびす大黒ビル
電話 03－5449－2711（代表）

装丁 橘田浩志（アティック）、柏原宗績
撮影 門馬央典
編集協力 古田 靖
DTP 小田光美（オフィスメイプル）
印刷・製本所 大日本印刷株式会社

ISBN 978-4-8470-6131-8
ワニブックスHP https://www.wani.co.jp